# Si tu t'imagines...

## Atelier de littérature, lecture, écriture.

Lysane DOUËNEL - Geneviève JACKSON - Sylvette RAOUL

COLLECTION LIBRE Echange

dirigée par
Janine COURTILLON et Geneviève-Dominique de SALINS

HATIER / Didier
13, rue de l'Odéon - 75006 Paris

© Les Éditions Didier - 1994

IISBN 2-278-04214-9

Imprimé en France

# AVANT-PROPOS

Tout étudiant qui s'engage dans l'apprentissage d'une langue étrangère porte en lui, en dehors de ses objectifs explicites, deux projets plus ou moins conscients : le projet de pouvoir, en communiquant à l'aide d'une nouvelle langue, devenir acteur d'une nouvelle scène, pénétrer dans un monde où ont cours de nouveaux échanges, inconnus, parfois imprévisibles. L'autre projet est lié au désir d'accéder, grâce à ce nouveau mode d'expression, à ce que Barthes a appelé le *plaisir du texte*, plaisir encore inconnu puisqu'il naîtra au contact de signes nouveaux.

Selon les apprenants l'un ou l'autre de ces projets semi-conscients est plus ou moins prégnant et se précisera avec plus ou moins de netteté au fur et à mesure de l'apprentissage. Mais seule la fréquentation des textes littéraires portera *le plaisir du texte* à son plus haut point.

Le schéma d'apprentissage sous-jacent à la méthode *Libre Échange* permet de réaliser ces deux projets.

Comment et sous quelle forme ?

La méthode est fondée sur le principe que rien ne s'apprend durablement hors de l'échange et que l'attrait vers une nouvelle langue est fonction des caractéristiques esthétiques et ludiques à travers lesquelles cette langue est présentée aux étudiants. Toute langue, naturellement, porte en soi un pouvoir d'attrait, mais bien souvent ni le choix des textes, ni la méthodologie utilisée ne lui permettent de s'exercer.

### Le choix des textes

Pour qu'on ait envie de pénétrer dans un texte, il faut que celui-ci possède des qualités formelles aussi bien que des qualités de contenu. Malgré les contraintes d'apprentissage fonctionnel et grammatical, on s'est efforcé, dans *Libre Échange* de répondre à cette exigence du texte. Mais les priorités imposées par la forme des examens qui sanctionnent un cursus d'apprentissage ne nous ont pas permis d'inclure dans *Libre Échange* autant de textes littéraires que nous aurions aimé le faire. **Si tu t'imagines...** arrive à propos pour satisfaire un besoin d'apprentissage qui nous paraît fondamental.

### La méthodologie

Tout texte, aussi achevé soit-il d'un point de vue littéraire peut se transformer en un pénible grimoire si le seul travail qui est demandé à l'élève sur ce texte consiste en une lecture mot à mot destinée à analyser chacun des éléments qui le constituent, sa place et son fonctionnement dans le système de la langue, autrement dit s'il n'est que prétexte à un apprentissage linguistique et grammatical.

À l'inverse, il peut devenir le plus précieux des outils s'il est présenté comme le moyen d'une découverte, libre au départ, mais très vite guidée par des activités diverses et ludiques qui vont permettre à l'élève de le cerner graduellement dans toute sa richesse et de se l'approprier pour enrichir sa compétence des nouvelles formes d'expression qui l'auront séduit.

Ce n'est pas autrement que se fonde l'apprentissage dans *Libre Échange* : découverte d'abord, puis repérages et choix qui entraînent les élèves à acquérir dans le plaisir des modes nouveaux et personnels d'expression.

À l'écrit, cette technique est particulièrement efficace lorsqu'il s'agit non pas d'acquérir des moyens linguistiques plus ou moins stéréotypés pour une communication de type fonctionnel mais de s'approprier les ressources de la langue et d'en dégager une expression personnelle.

### Le niveau des textes

Les textes choisis dans **Si tu t'imagines...** recoupent dans leur ensemble et complètent les objectifs fonctionnels de *Libre Échange*. On pourra les sélectionner en fonction de leur degré de transparence linguistique à chacun des niveaux. Les textes portant le logo ❀ peuvent convenir aux niveaux 1 et 2 de *Libre Échange*, les autres seront utilisés aux niveaux 2 ou 3 en fonction du rapport langue étrangère-langue maternelle et du niveau atteint par les élèves, ainsi que de leur intérêt pour la littérature. Les élèves eux-mêmes, en parcourant les textes, devraient être à même de juger et de se faire une idée de la difficulté et de l'intérêt d'un texte.

Janine COURTILLON

# À PROPOS...

En classe de Français Langue Étrangère, le document littéraire ressemble parfois à ces plats «avec supplément» que proposent certains restaurants. Ils excitent la convoitise mais vous obligent à faire un rapide calcul mental qui suffit à casser l'envie ! Le document littéraire intimide. On l'admire, on le sacralise. Autant de raisons pour ne pas s'approcher de trop près du piédestal sur lequel on le hisse. Et pourtant, dans un projet d'apprentissage linguistique, il est irremplaçable : il relie la langue enseignée à une pratique et à une expérience autres, plus singulières, plus universelles ; il offre une infinie palette de sujets et de voix capables de susciter à la fois la lecture et la production écrite ; il lance un défi vers un surcroît de découverte et de plaisir, défi à relever sans attendre l'étape de perfectionnement.

À l'origine de ce petit livre, un atelier d'écriture créé à Toulon par Lysane DOUËNEL et Sylvette RAOUL : «Paginaire». Ce mot qu'elles ont inventé est un mot-valise ; il suggère que l'imaginaire se pose sur la page pour mieux s'en évader ! L'atelier a séduit Geneviève JACKSON, enseignante de FLE. Entre nous trois, convergence immédiate d'objectifs et de techniques puisque nous nous retrouvons dans le rôle de «passeuses de mots». Toute langue, maternelle ou étrangère, n'existe-t-elle pas dans le seul but d'aborder aux rives du sens ? Or, le document littéraire, est, plus que tout autre, porteur et déclencheur de sens. Il nous restait donc à fouiller nos mémoires et nos étagères pour trouver dans les livres que nous aimions les pages susceptibles d'entraîner le lecteur d'abord vers l'écriture, puis à l'écriture. Nous avons travaillé dans l'esprit de l'atelier, lieu d'apprentissage, de partage. La classe de FLE est déjà un atelier de la parole. Par une démarche similaire, nous aimerions convaincre enseignants et apprenants que le document littéraire est facteur et vecteur de progrès dans une méthode communicative.

Il n'est pas question pour nous de décortiquer le texte, mais de le fréquenter. Selon l'une de ses origines latines, ce verbe subtil signifie «célébrer en foule», et, dans ses acceptions modernes «visiter souvent un lieu», «entretenir des rapports habituels avec une personne». C'est donc à une fréquentation-célébration de quelques textes littéraires que nous vous convions.

## PUBLIC

*Si tu t'imagines...* s'adresse à des apprenants de niveau 1 et 2. Certains passages sont plus directement accessibles que d'autres mais la majorité d'entre eux concerne un apprentissage compris entre 50 et 200 heures de cours de français. Un logo ❀ ❀❀ ❀❀❀ vient suggérer leur niveau de difficulté.

Il est indispensable que l'apprenant ait à sa disposition **le volume complet** car - outre les goûts et curiosités qui le guideraient vers tel ou tel passage même s'il ne le comprenait pas totalement à la première lecture - les textes peuvent se lire à différents niveaux et ils se font écho d'une page à l'autre, d'une unité à l'autre. C'est en fréquentant l'ensemble du cahier qu'on arrivera à choisir un auteur, un style, une manière d'exprimer, de s'exprimer. Au cas où l'enseignant souhaiterait faire coïncider l'étude d'un texte (ou d'une partie de texte) avec une acquisition fonctionnelle ou linguistique précise, il pourra consulter la liste donnée en page 126.

## CONTENU

**1** - Textes : *Si tu t'imagines...* s'articule autour de quatre unités qui représentent quatre manières d'explorer le texte littéraire. Ces manières correspondent aux démarches bien connues des méthodes communicatives : observation, comparaison, déduction. L'unité est précédée d'un texte **liminaire** prévu pour une utilisation libre et choisi à la façon d'une ouverture, d'une mise en onde...

### Unité 1 : *Le vif du sujet.*

Elle regroupe des passages caractérisés par la rapidité et la densité, double piste pour encourager la lecture et l'écriture à partir d'un parcours minimum.

## Unité 2 : *La grammaire des sentiments.*

On retrouvera dans cette section les objectifs fonctionnels dont l'acquisition fait normalement partie de tout apprentissage.

## Unité 3 : *Tourner autour du mot.*

Cette unité privilégie le travail lexical autour de textes où le choix des mots ordonne le sens et donne la première clef d'un style.

## Unité 4 : *Suivre le fil.*

L'objectif est de cerner les enchaînements du discours, le déroulement de la pensée aussi bien que la logique de l'imaginaire.

Sur quels critères le choix des textes s'est-il appuyé ? Nos goûts, bien sûr, et nos propres fréquentations des auteurs, mais surtout le souci de ne pas présenter les passages qui se trouvent presque systématiquement dans les anthologies et de panacher écrivains célèbres et écrivains à découvrir. Et plus encore, de mettre en exergue au travers de ces pages, une approche qui puisse favoriser en classe de FLE une large mesure d'interactivité.

**2 - Activités :** Chaque texte s'accompagne d'activités dont la difficulté est signalée par un système de points (•/••/•••) Il n'est pas nécessaire de faire les activités en séquence. En revanche, il faut toujours prévoir une plage de temps suffisante pour que la production individuelle et collective soit aussi complète et donc aussi gratifiante que possible.

Les activités visent deux enjeux :

- Encourager à **une lecture plus fine du texte** : anticiper le sens, repérer les informations essentielles pour vérifier le sens, savoir formuler des hypothèses sur le sujet, le cadre, les personnages. Cette lecture peut être mise en commun oralement ou par prise de **notes**.
- Stimuler la **production écrite** à partir du texte. Il ne s'agit ni de plagier, ni même de prendre le texte pour modèle. L'esprit de l'atelier consiste à **dédramatiser l'écriture**. Si être un écrivain, et, a fortiori, un grand écrivain ! reste un projet réservé au petit nombre, l'écriture est un «faire», une compétence acquise dont l'utilisation peut devenir source de plaisir. Nous avons voulu donner des pistes pour que la trop fameuse excuse : «Mais je n'ai pas d'idées !...» ne puisse plus être invoquée. Imaginer pour un texte un «avant» et un «après», substituer d'autres personnages, d'autres éclairages, inventer des situations similaires dans des contextes différents, etc. c'est l'occasion de constituer, à propos de chaque passage, ce que certains ont si joliment nommé «une petite fabrique de littérature».

**3 - Quel écrivain êtes-vous ?** En fin de volume, on trouvera la liste récapitulative des auteurs. Au moment de leur mettre une étiquette (romancier, essayiste, poète, philosophe, dramaturge...) nous avons remarqué que tous, sauf un - cherchez cette exception ! - sont de merveilleux polygraphes. Plutôt que de fournir à leur sujet des informations que donnent dictionnaires et histoires de la littérature, nous avons préféré vous demander de les situer en vous situant par rapport à leur écriture. Ce jeu-test individuel ou convivial et qui pourra être repris à chaque niveau de lecture est encore une invitation à fréquenter les écrivains.

Issu de nos efforts complices, *Si tu t'imagines...* a rencontré d'autres complicités : celle des auteurs et des éditeurs de *Libre Échange*, que nous remercions. Nous sommes heureuses que ce cahier-atelier de lecture et d'écriture s'inscrive dans un projet linguistique aussi cohérent qu'ambitieux. Le dernier mot, nous le laisserons à l'une des habituées de l'atelier de Toulon qui, à la question d'un journaliste du *Monde* : «Que fait-on dans un atelier d'écriture ?» a répondu par cette heureuse formule : «Nous venons ici ensemble pour apprendre à écrire seul».

Geneviève JACKSON

Lysane DOUËNEL

Sylvette RAOUL

# Le vif du sujet

Les textes qui suivent sont courts. Leur syntaxe est simple, leur lexique abondant et varié. Mais ils ont tous en commun de dire beaucoup en peu de mots, de courir droit au but.

Avec Colette, Cocteau, Éluard, Camus et d'autres, vous apprendrez le plaisir d'entrer rapidement et simplement dans le vif du sujet, de manier les mots avec spontanéité en cultivant l'efficacité.

Chargée
De fruits légers aux lèvres
Parée
De mille fleurs variées
Glorieuse
Dans les bras du soleil
Heureuse
D'un oiseau familier

*Médieuses*

**Paul Éluard, illustré par Valentine Hugo**

# ÉTONNANTS VOYAGEURS... DITES, QU'AVEZ-VOUS VU ?

CHARLES BAUDELAIRE, *LES FLEURS DU MAL*

 À Palma de Majorque
Tout le monde est heureux.
On mange dans la rue
Des sorbets au citron.
[...]

Jean COCTEAU

*ÎLES*

 Venise pour le bal s'habille
De paillettes tout étoilé,
Scintille, fourmille et babille
le carnaval bariolé.

Théophile Gautier

*ÉMAUX ET CAMÉES*

 Mais oui, je suis une girafe
M'a raconté la tour Eiffel
Et si ma tête est dans le ciel
C'est pour mieux brouter les nuages
[...]

Maurice CARÊME

EXTRAIT DU POÈME *LA TOUR EIFFEL*

## Bahia

 Lagunes églises palmiers maisons cubiques
Grandes barques avec deux voiles rectangulaires
        renversées qui ressemblent aux jambes immenses
        d'un pantalon que le vent gonfle
Petites barquettes à aileron de requin qui
        bondissent entre les lames de fond
Grands nuages perpendiculaires renflés colorés
        comme des poteries

BLAISE CENDRARS

*JAUNES ET BLEUES*

## Alexandropolis

 Après la fournaise de la route Salonique-Alexandropolis, le bonheur que c'est de s'asseoir devant une nappe blanche, sur ce petit quai aux pavés lisses et ronds. Pendant un instant, les poissons frits brillent comme des lingots dans nos assiettes, puis le soleil s'abîme derrière une mer violette en tirant à lui toutes les couleurs.

Nicolas BOUVIER

*L'USAGE DU MONDE*

● Une ville, un pays, un bouquet d'images !

– Choisissez une ville réelle ou imaginaire et essayez de composer en bouquet l'image (ou les images) qu'elle suggère.

Exemple : Rome – chats noirs et murs jaunes – après la sieste, les persiennes baîllent – la mousse du capuccino dans une tasse bleue…

– À la manière de Blaise Cendrars, juxtaposez les éléments d'un paysage de ville comme pour un panoramique au cinéma.

– À la manière de Jean Cocteau, écrivez un texte court sur le thème «Tout le monde est heureux» où vous parlerez de Venise, de Bahia, de Paris ou d'Alexandropolis…

Changez d'humeur, si vous le souhaitez ! Pourquoi pas «Tout le monde est pressé», «Tout le monde est furieux», «Tout le monde s'ennuie», etc.

– À la manière de Nicolas Bouvier, écrivez un petit paragraphe où une ville sert de cadre à un moment de bonheur.

● À chaque ville, on a l'habitude d'associer une image-cliché. Par exemple, on dit :«Paris, la ville-lumière».

Essayez de retrouver (ou, mieux encore, d'inventer) des images qui pourraient caractériser chacune des villes suivantes :

| | | |
|---|---|---|
| Rome | Le Caire | Lisbonne |
| New York | Prague | San Francisco |
| Amsterdam | Rio de Janeiro | Istanbul |
| Tokyo | Londres | Madrid |
| Athènes | Saint Pétersbourg | Montréal |
| Copenhague | Prague | Vienne    etc. etc. |

●● **«Venise pour le bal s'habille…»**

En quatre lignes, comme Théophile Gautier, vous donnerez l'atmosphère d'une ville en ne révélant qu'à la fin l'événement qui l'anime.

Exemple :   New York – le marathon
　　　　　　 Munich – la fête de la bière
　　　　　　 Séville – la Semaine Sainte
　　　　　　 Paris – le 14 juillet

●● **«Mais oui, je suis une girafe...»**

Vous prendrez le monument le plus connu de la capitale de votre pays et vous lui donnerez la parole pour qu'il se définisse de façon surprenante ou humoristique.

Exemple : Mais oui, je suis une table roulante m'a dit l'Arc de Triomphe et c'est sur moi qu'on sert l'apéritif aux géants de la Défense.

●●● **«Étonnants voyageurs, dites, qu'avez-vous vu ?»**

C'est Charles Baudelaire qui résumait dans cette phrase notre éternel appétit pour les récits de voyages.

Vous êtes parti/e – enfin ! – faire le grand voyage dont vous rêviez ! Vous n'aimez pas écrire et vous avez emporté un petit magnétophone pour conserver vos impressions racontées «sous le coup de l'émotion». Inventez cette bande sonore (que vous pourrez enregistrer). Ce travail peut se faire individuellement ou en groupe. L'idéal est d'obtenir plusieurs productions que l'on soumettra à l'écoute de toute la classe.

Un petit malin va bien s'exclamer : «Oh ! dis donc, tu es très doué/e ! Tu devrais nous écrire cela pour le journal/le magazine de la classe/de la ville !»

À partir de la bande sonore, vous rédigez l'article demandé.

# Cartes postales

Nous sillonnons le golfe de Tarente. La Dolce Vita ! Plages de sable fin. J'ai attrapé un sacré coup de soleil. On pense à vous très fort.

Un petit mot de Tahiti. Farniente et ukulélé. Le Paradis ! Je fais du cheval. Pensées amicales.

Un petit mot de Roscoff. Il fait beau. On mange très bien. On s'est fait des amis. On rentre le 26.

Nous avons trouvé une chambre à l'hôtel des Fleurs. Il fait beau. On va à la plage. Tu verrais mes coups de soleil ! Mille pensées.

On est au Fitz-James. Les petits plats dans les grands. Ambiance très cool au bar. On rentre lundi.

On parcourt le Péloponnèse. Le soleil tape, j'ai un grand chapeau, on est très content. Je vous embrasse.

Nous faisons le Sénégal. Fatigués mais enthousiastes. Le seul problème, c'est la bouffe. Avons visité une plantation de bananes. On sera à Paris le 30.

Nous voilà à Villablanca. On se fait bronzer. Nourriture très correcte. J'ai grossi. On vous embrasse.

Un petit souvenir de Ouistreham. Il fait beau. Visite des plages. Je fais du surf. On pense beaucoup à vous.

Nous avons trouvé à nous héberger à la pension Wagner. Ambiance musicale. C'est grisant. On a rencontré plein de gens très amusants. On vous fait une grosse bise.

Souvenir du Karlsbad Hôtel. Cure agréable. Repas exquis. Je maigris un peu. Beaucoup de pensées amicales.
[…]

Georges Perec

*L'INFRA-ORDINAIRE*

● Georges Perec s'est amusé à écrire des fausses cartes postales très bien imitées pour souligner la banalité de ces messages pourtant sympathiques !

  1. Pour chacune de ces cartes, vous allez inventer la/les signatures. Attention, aux indices donnés dans les textes (prénom ou prénom + nom de famille ? «on», «je» ou «nous», «bises» ou «pensées»). Imaginez aussi les destinataires : famille/amis/relations/ collègues et.

  2. Ces cartes postales constituent un sondage en miniature. Que disent-elles sur les Français en vacances ?
    Par exemple : l'obsession de la météo ? Et l'obsession de la «rentrée», etc. etc.

  3. Jeu du portrait : chaque apprenant tirera au sort le texte d'une carte postale et fera en quelques phrases un portrait de l'expéditeur. La classe devra deviner le texte dont le portrait est tiré.

● Vous aviez projeté pour les vacances une randonnée (à bicyclette/à pied/en voiture) avec quelques amis. La veille du départ, l'un d'eux se casse la jambe ! Vous êtes partis/ies mais vous ne l'oubliez pas. De chaque étape, vous lui envoyez une carte postale où vous donnez nouvelles, impressions, marques de sympathie etc. Attention ! il faut rester dans le «format carte postale»...

●● Vos vacances en France se sont merveilleusement bien passées. Il ne vous reste plus qu'à écrire ces «petits mots» qu'attendent :
  – la mère de l'ami/e qui vous a accueilli/e pendant votre séjour
  – le garçon/la fille avec qui vous avez dansé toute la nuit à la fête du pays
  – le sympathique professeur de tennis qui a pris la peine de vous renvoyer la raquette que vous aviez oubliée
  – la famille qui vous a fait faire une belle sortie en voilier
  – le copain généreux qui vous a prêté de l'argent le dernier jour pour acheter des petits cadeaux

●●● **«Ambiance très cool... Ambiance musicale...»**

  Décrivez en un paragraphe : l'ambiance d'un repas d'été au jardin à la pension Wagner – d'une promenade à cheval sur la plage de Tahiti – d'une soirée piano-bar au Fitz-James – d'une visite à une plantation de bananes au Sénégal – de la «Dolce Vita» quelque part en Italie.

●●● À l'aide des poèmes donnés en page 7 rédigez deux ou trois cartes postales en essayant d'éviter les banalités d'usage qui amusaient tant Georges Perec.

# Photo de famille

 Reste cette image de notre parenté : c'est un repas à Sadec. Nous mangeons tous les trois à la table de la salle à manger. Ils ont dix-sept, dix-huit ans. Ma mère n'est pas avec nous. Il nous regarde manger, le petit frère et moi, et puis il pose sa fourchette, il ne regarde plus que mon petit frère. Très longuement il le regarde et puis il lui dit tout à coup, très calmement, quelque chose de terrible. La phrase est sur la nourriture. Il lui dit qu'il doit faire attention, qu'il ne doit pas manger autant. Le petit frère ne répond rien. Il continue. Il rappelle que les gros morceaux de viande c'est pour lui, qu'il ne doit pas l'oublier. Sans ça, dit-il. Je demande : pourquoi pour toi ? Il dit : parce que c'est comme ça. Je dis : je voudrais que tu meures. Je ne peux plus manger. Le petit frère non plus. Il attend que le petit frère ose dire un mot, un seul mot, ses poings fermés sont déjà prêts au-dessus de la table pour lui broyer la figure. Le petit frère ne dit rien. Il est très pâle. Entre ses cils, le début des pleurs.

Marguerite DURAS
*L'AMANT*

**A**CTIVITÉS :

● **Vous avez bien compris ?**

– Toute la famille est à table
– Le petit frère a posé sa fourchette
– Les deux garçons se regardent
– Le grand frère a bon appétit
– Les plus gros morceaux de viande sont pour l'aîné
– La sœur ne parle pas
– Le grand frère menace sa sœur
– Le petit frère va pleurer
– La sœur et le grand frère vont se battre
– L'aîné veut que son petit frère garde de bonnes manières à table

●● Mettez en scène

Dans cette petite scène familiale, l'auteur exprime tout un climat de violence. Par quels moyens ?

| décor | attitudes /gestes | regards | menaces en paroles |
|---|---|---|---|
| | | | |

●● Moteur !

Vous êtes cinéaste. Vous allez composer un ou deux plans pour illustrer ce texte. Notez des indications pour votre mise en scène :

1. Lieu, décor, meubles, éclairages
2. Personnages, âge, aspect physique, costumes
3. Direction des acteurs : gestes, attitudes, expressions des visages
4. Dialogues à garder pour chaque personnage

À vous d'imaginer la suite…

En quatre lignes, inventez une «fin» pour cette scène (riposte du petit frère - bagarre - arrivée de la mère - etc.)

●● Pour travailler en groupe

Les apprenants n'ont pas le texte sous les yeux. C'est le professeur qui va en donner lecture une ou deux fois en invitant à noter six mots maximum choisis comme les plus «significatifs». Puis la classe sera divisée en petits groupes.

Dans chaque groupe, l'apprenant écrira sur une feuille blanche les six mots qu'il aura choisis. Ces mots ne sont pas à mettre en colonne mais à disposer sur la page en les espaçant. L'élève passe ensuite la feuille à son voisin qui y ajoutera **avant ou après** les mots qu'il a lui-même choisis. La production de chaque groupe sera évaluée selon une double consigne :

1. Le texte doit gagner du sens.
2. Il doit s'approcher au plus près du texte lu.

On peut également pratiquer ce jeu au tableau. Le professeur écrira la liste des mots choisis par les élèves. Ensuite, chacun inscrira sur sa feuille les six mots de la liste qui sont pour lui les plus significatifs et on procédera comme pour l'exercice précédent, les mots à rajouter devant être pris parmi ceux écrits au tableau.

# Au marché

 Les joues de la fruitière
sont en peau d'abricot
La grande charcutière
est ronde comme un jambonneau
La petite marchande de fleurs
fine comme un pois de senteur
Le boulanger
qui n'est pas gros est un Pierrot enfariné
mais sa femme la boulangère
qui n'est pas légère légère
sent bon le sucre et le pain chaud

Armand Monjo
*La nouvelle guirlande de Julie*

● Vous pouvez, à votre tour, associer des personnages et des images en vous inspirant, par exemple, de la liste suivante. Attention, sélectionnez bien dans chaque colonne les éléments qui conviennent !

| le trait physique | la profession | l'image |
|---|---|---|
| bouche | crémier | côtelettes |
| mains | boucher | grains de café |
| yeux | mercière | coquillages |
| sourire | poissonnier | chou à la crème |
| ventre | épicier | beurre frais |
| nez | marchand de vin | fermeture éclair |
| oreilles | pâtissier | tonneau |

Trouvez-en d'autres encore et fabriquez votre poème.

● Apprenez à faire des comparaisons. Certaines sont évidentes, par exemple : «blanc comme neige» ou «rond comme une bille». D'autres sont particulières au français :
– long comme un jour sans pain
– habillé comme l'as de pique
– raide comme la justice
– fauché comme les blés
– bon comme la romaine
– gai comme un pinson

Il y a sûrement dans votre langue des expressions/comparaisons. Essayez d'en trouver une dizaine et de les transcrire en français.

●● Le mot «comme» est bien utile mais il rend la comparaison trop évidente. Les poètes préfèrent souvent s'en passer et associer les mots directement. Pour parler du soleil couchant, Apollinaire dit : «soleil cou coupé» et pour évoquer la hauteur du monument le plus célèbre de Paris, il écrit : «Tour Eiffel bergère des nuages».

À la façon d'Apollinaire, cherchez des images brèves pour évoquer :

le vol d'un oiseau – la télévision – l'hiver – la nuit – l'avion – un voilier – un arc en ciel – le lion – un fax – le papillon – le vent – le tam-tam – un arbre mort – la lune – une pomme – etc. etc.

# CORRESPONDANCES...

Mon amour,

 Aujourd'hui, je ne peux pas écrire, un camarade landais le fait pour moi. Ton visage est tout éclairé, je te vois. Je suis heureux, je reviens. J'ai envie de crier ma joie sur la route, je reviens. J'ai envie de t'embrasser comme tu aimes, je reviens. Il faut que je marche vite. Demain, c'est déjà dimanche et on nous marie lundi. J'ai envie de crier ma joie sur la route des dunes, j'entends Kiki mon chien qui vient à travers la forêt, tu es avec lui, tu es belle et tout en blanc, j'ai bien du bonheur de notre mariage. Ah oui, ma Matti, je viens vers toi dans cette lumière, j'ai envie de rire et de crier, mon cœur est plein de ciel. Il faut préparer la barque avec des guirlandes, je t'emmènerai de l'autre côté du lac, tu sais où. J'entends toutes ces vagues immenses et j'entends ta voix dans le vent qui me crie ton amour : «Manech ! Manech !». Et je vois les bougies allumées dans la baraque en bois et nous deux couchés sur les sennes,* je vais courir de toutes mes forces, attends-moi. Mon amour, ma Matti, nous serons lundi mariés. Notre promesse est gravée avec mon canif dans l'écorce du peuplier au bord du lac, c'est tellement nous, c'est tellement clair.
Je t'embrasse tout doux, tout doux, comme tu aimes, et tes beaux yeux je les vois, et ta bouche dans la lumière, et tu me souris.

Manech

Sébastien JAPRISOT

UN LONG DIMANCHE DE FIANÇAILLES

* Sennes : filets de pêche

● **Aujourd'hui, je ne peux pas écrire...**
Pourquoi ? Manech est bien discret ! Donnez à Matti l'explication qui manque et qu'elle attend sûrement...

● **Je t'emmènerai... tu sais où...**
Comme tous les amoureux, Manech et Matti ont un lieu secret, un endroit magique où ils se retrouvent...
Imaginez-en un autre (oasis, île déserte, petite auberge de campagne, palais exotique, voilier, etc...) et récrivez toute la phrase de «il faut préparer» à «sennes».

●● De cette lettre d'amour, vous allez faire un poème :

– soit en disposant tout simplement le texte d'une autre façon pour qu'il corresponde à votre idée de la poésie

– soit en choisissant les phrases qui vous semblent les plus poétiques, les plus belles.

●●● L'écrivain Georges Perec a inventé une technique particulière d'écriture : **le lipogramme** qui consiste à s'interdire d'utiliser dans un texte l'emploi d'une lettre ou d'un mot. C'est ainsi qu'il a réussi à écrire tout un roman sans utiliser une seule fois la lettre «e» !

En hommage à Georges Perec, vous allez écrire une lettre d'amour d'une douzaine de lignes sans vous servir une seule fois du verbe «aimer».

●●● Difficulté supplémentaire pour les plus forts ! Essayez d'écrire une lettre d'amour en vous interdisant d'employer trois verbes : «aimer» «avoir» «faire».

# Il faut que tu reviennes au pays...

 «Je t'écris ce que père et mère me demandent de t'écrire. Toute la famille va bien et t'embrasse. Ici, il fait beau, c'est presque l'été, dans un mois on pourra aller à la plage. Tous les amis t'embrassent. Ali et Nefissa grandissent. Ils voudraient que tu leur apportes des vêtements de Paris quand tu viendras. Dans quelques mois, je ferai un stage dans une usine qui vient de s'ouvrir près de la ville. Notre père dit que tu as plus de trente ans, qu'il devient vieux, ta mère aussi ; ils désirent que Dieu leur donne un petit-fils qui portera le nom de la famille. Père dit qu'il faut que tu reviennes au pays pour te marier ; ils t'ont trouvé une femme sérieuse, jolie et d'une famille très honnête ; elle est allée à l'école pour apprendre le métier de couturière ; elle s'appelle Fatiha ; c'est la fille de Kaddour Chabou ; elle a dix-sept ans...»

Ali GHALEM
*UNE FEMME POUR MON FILS*

● **Ils t'on trouvé une femme...**

À vous de terminer la phrase en faisant le portrait d'une autre «candidate» possible pour ce mariage arrangé. Ou encore de faire le portrait d'un «candidat» si vous décidez de changer les premiers mots et de commencer ainsi : «ils t'ont trouvé un mari»...

● Scénario pour une réponse

À Paris, le destinataire de la lettre est bien embarrassé. Il comprend le souci de ses parents mais l'idée d'un mariage arrangé lui fait un peu peur ! Il vous demande de l'aider à rédiger un télégramme en réponse. Travaillez deux par deux. Le texte du télégramme (pas plus de 25 mots) devra comporter une **excuse** et une **promesse**.

● Cette lettre pourrait se diviser en deux parties. La première donne des nouvelles. La seconde apporte un message qui est le but de la lettre, la chose importante à annoncer même si elle n'est pas forcément agréable !

À votre tour, vous allez écrire une lettre de ce genre, où vous commencerez par dire des choses banales avant d'en venir au fait. Par exemple :

– vous annoncez à un ami que vous avez eu un accident avec la moto/la voiture qu'il vous avait prêtée
– vos voisins sont partis à l'étranger et leur maison a été cambriolée
– vous êtes à court d'argent à la fin des vacances et vous demandez à quelqu'un de vous envoyer très vite un mandat
– on vous avait confié un document important à remettre d'urgence et vous l'avez perdu etc. etc.

●● Il est toujours très difficile d'écrire au nom ou à la place de quelqu'un d'autre. C'est un service que l'on demande pourtant souvent si on ne connaît pas la langue du destinataire. Puisque vous avez la réputation d'être «bon» en français, vous allez rendre ce service :

– pour obtenir un stage dans une entreprise française à la demande d'un collègue
– pour demander des renseignements précis sur une maison de vacances louée en France par des amis
– pour exprimer le mécontentement d'une personne déçue par la mauvaise qualité d'un service (voyage – hôtel – marchandise, etc.)

# DEUX PIGEONS S'AIMAIENT D'AMOUR TENDRE...

Jean DE LA FONTAINE

J'aimais éperdument la comtesse de **. J'avais vingt ans et j'étais ingénu ; elle me trompa, je me fâchai, elle me quitta. J'étais ingénu, je la regrettai ; j'avais vingt ans, elle me le pardonna. Et comme j'avais vingt ans, que j'étais ingénu, toujours trompé, mais plus quitté, je me croyais l'amant le mieux aimé, partant* le plus heureux des hommes.

Vivant DENON

*POINT DE LENDEMAIN*

* partant : donc

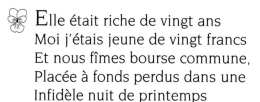

Elle était riche de vingt ans
Moi j'étais jeune de vingt francs
Et nous fîmes bourse commune,
Placée à fonds perdus dans une
Infidèle nuit de printemps

Tristan CORBIÈRE

*LES AMOURS JAUNES*

Que voulez-vous la porte était gardée
Que voulez-vous nous étions enfermés
Que voulez-vous la rue était barrée
Que voulez-vous la ville était matée
Que voulez vous elle était affamée
Que voulez-vous nous étions désarmés
Que voulez vous la nuit était tombée
Que voulez-vous nous nous sommes aimés

Paul ÉLUARD

*POÉSIE ET VÉRITÉ*

● Ces trois textes ont été écrits à des époques très différentes, pourtant, ils ont quelque chose en commun. Dans l'inspiration. Dans l'expression.

Essayez de trouver ces points de ressemblance en répondant aux questions suivantes. On peut travailler individuellement ou en groupes. Attention ! il ne faut pas répondre simplement par «oui» ou par «non» mais trouver dans chaque passage les mots, les phrases qui justifient les réponses données :

– c'est le même sujet ?
– c'est toujours une histoire de couple ?
– il s'agit de trois rencontres inattendues ?
– la fin est toujours triste ?
– les auteurs donnent l'âge des personnages ?
– le hasard fait toujours bien les choses ?
– chaque épisode se déroule dans des circonstances extraordinaires ?
– les trois textes racontent une histoire du début à la fin ?
– ils présentent tous une situation et ses conséquences ?
– ils sont tous situés dans le passé ?
– dans chaque passage, l'auteur n'utilise que deux temps pour les verbes ?
– chaque passage présente des répétitions de mots ?

● Le poème de Paul Éluard – comme les deux autres textes – évoque un rapport entre causes et effets. Par quels moyens ? Par quelles oppositions ?

Quel sens donnez-vous à l'expression «que voulez-vous ?»
Protestation ? Résignation ? Affirmation ? ou tous ces sentiments à la fois ?

À la manière de Paul Éluard, écrivez en groupe un petit texte de quatre ou cinq lignes. Deux règles pour ce jeu :

1. le premier mot de chaque ligne sera choisi (en répétitions, en alternance ou en séquence) dans les listes suivantes :
. par hasard – par bonheur – par malheur – par plaisir – par amour – par accident...
. heureusement – follement – parfaitement – sottement – forcément...

2. à la dernière ligne le verbe devra changer de temps.

Essayez de travailler sur un thème. Si vous arrivez à faire des rimes, bravo !

Exemple : sur le thème d'un voyage

**Par bonheur**, on avait réservé
**naturellement**, le train était bondé

● Choisissez le texte qui vous plaît le plus. Situez-le dans un paysage ou dans un décor. Donnez des noms, des costumes aux personnages et racontez l'histoire à votre manière oralement, puis par écrit.

●● Dans le premier texte, l'auteur développe une histoire qui est un jeu de causes et de conséquences. Reliez, dans chaque phrase, la cause et la conséquence à l'aide des mots et expressions suivantes :

alors… – et – et donc – parce que – puisque – bien sûr – c'est pourquoi – etc.

Exemple : Et comme j'avais vingt ans…

●● Dans le poème de Tristan Corbière, l'amour évoque avec finesse le plaisir de dépenser de l'argent. Trouvez les mots utilisés pour faire cette comparaison.

En français, le vocabulaire du cœur et celui de l'argent sont souvent très proches. Comme dans ces expressions que vous chercherez à utiliser dans des phrases de votre invention :

le chouchou de notre catalogue
un achat coup de cœur
un homme en or
mon trésor !
combien as-tu touché ?
cette église est un bijou !
un amour de maison
ma femme de ménage est une perle !
c'est une riche idée !
La parole est d'argent mais le silence est d'or

●●● Lequel de ces trois textes préférez-vous ? Lequel est pour vous le plus drôle, le plus touchant, le plus tragique ? En vous inspirant de l'auteur de votre choix, rédigez un court passage dans lequel vous expliquerez une situation avec ses conséquences en jouant sur l'alternance des temps du passé.

Exemple : J'avais vingt-cinq ans, je m'ennuyais dans ma petite ville, j'aimais écrire, j'ai mais voyager, je suis parti en Afrique et je suis devenu reporter…

# Je l'ai perdue…

C'est à la fête, c'est à la fête, c'est à la fête que je l'ai trouvée et à la fête que je l'ai perdue. C'était une grande fête. Une fête avec le tir à la carabine et les gaufres et les billards japonais et les bouteilles de champagne et les baraques et les manèges. Et les manèges tournaient et mugissaient et les billards carambolaient et les gaufres embaumaient et les carabines tiraient. J'ai tiré à la carabine. Je tire très bien à la carabine et je m'en vante. Attendez ! Non – je me trompe ! Je ne l'ai pas rencontrée au tir. C'est aux gaufres que je l'ai trouvée. Les gaufres embaumaient et elle en mangeait à pleines dents et elle a soufflé sur sa gaufre et j'ai été couvert de poudre blanche. Et elle riait et je lui ai dit : Comment vous appelez-vous ? Et elle m'a crié : Je vous le dirai après.

Jean COCTEAU
*THÉÂTRE DE POCHE*

● **«Attendez ! Non – je me trompe !»**

Vous donnez une information qui est fausse et vous voulez tout de suite la corriger. Exercez-vous en complétant les phrases suivantes à l'aide des mots donnés entre parenthèses :

Exemple : Pierre est parti à Paris ce matin. Attendez non ! – je me trompe, il prend le train du soir !

– Je voulais faire des crêpes, (zut) ......
– La clef est sur la table (mais non) ......
– On dînera au jardin (sauf si) ......
– J'ai invité tous les copains (excepté) ......
– Alors, on se voit samedi (oh ! j'oubliais) ......
– Ils sont au ski (à moins que) ......
– Je vous passe M. Dumont (pardon) ......

● Un groupe de touristes arrive dans un hôtel «de rêve» mais la réalité ne correspond pas à la description de la brochure. Ils se plaignent à l'accompagnateur : les chambres sont sombres et minuscules... la piscine est vide... le tennis est en travaux... la climatisation ne marche pas... le restaurant du bord de mer est fermé, etc. , etc. Faites-les parler.

Exemple : – Il y a bien un sauna ! Seulement, il faut payer un supplément.
  – Une boîte de nuit ! Oui mais pas d'orchestre !

● Dans le texte de Jean Cocteau, le mot «fête» revient souvent comme un petit signal de joie. Voici quatre expressions répétées que l'on entend souvent en France. Essayez de deviner à quelle occasion :

1. On a gagné ! On a gagné !
2. Une autre ! Une autre !
3. La mariée ! La mariée !
4. Un discours ! Un discours !

Et maintenant, vous allez rédiger un paragraphe où vous décrirez l'occasion qui a pu provoquer une de ces quatre exclamations. Et vous terminerez le paragraphe par la phrase : «Alors tout le monde se mit à crier» + l'expression que vous aurez choisie.

●● Milan Kundera explique : «Répétition : principe de composition musicale». Repérez toutes les répétitions dans le texte de Jean Cocteau. Essayez de les supprimer (ou d'en supprimer le plus possible) et comparez votre passage avec celui de Cocteau. Avez-vous réussi à exprimer une autre musique que celle de l'auteur. Pour cette comparaison, utilisez la lecture à haute voix.

●● Classez toutes les attractions de la fête en notant les verbes qui expriment leur mouvement, leur bruit :

Exemple :        les manèges        les manèges tournaient

Trouvez d'autres attractions que l'on voit dans les fêtes avec les mouvements et les bruits qui conviennent :

Exemple :        la loterie        la grande roue grinçait

●● Dans ce texte, on trouve une grande diversité de temps dans l'emploi des verbes. Chaque temps signale un moment précis de cette petite histoire. En utilisant la même technique, racontez à votre tour une course-poursuite. Choisissez d'abord scénario, décor et personnages. Attention dix lignes maximum…

Exemple : On vous vole votre valise dans une gare, le voleur monte dans un train…

●● **«Je vous le dirai après»**

Imaginez la suite de l'histoire. Ils se parlent ? L'inconnue se perd dans la foule ? Le garçon rencontre, par hasard, un/e autre ami/e ?

●●● **Le jeu du traducteur**

Vous êtes traducteur de l'œuvre de Jean Cocteau dans votre propre langue. Vous cherchez tous les moyens de faire saisir à vos lecteurs le sens – et surtout le ton – de ce passage. Comment allez-vous faire ? On peut travailler individuellement ou par petits groupes en divisant le passage. La version finale peut se faire au tableau.

# Marcel Proust et le téléphone

 Il y a la belle-sœur d'une de mes amies qui a
le téléphone posé chez elle ! Elle peut faire
une commande à un fournisseur sans sortir de
son appartement ! J'avoue que j'ai platement
intrigué pour avoir la permission de venir
un jour parler devant l'appareil. Cela me tente
beaucoup mais plutôt chez une amie que chez moi.
Il me semble que je n'aimerais pas avoir
le téléphone à domicile. Le premier amusement
passé, cela doit être un vrai casse-tête…

Marcel PROUST

*À L'OMBRE DES JEUNES FILLES EN FLEURS*

**A**CTIVITÉS :

- En 1918, à Paris, le téléphone est encore un objet rare ! Imaginez la réaction de Marcel Proust devant les merveilles de la technologie contemporaine. En suivant l'ordre de son raisonnement (identification de l'objet – usage – envie de l'utiliser – objection – jugement final), mettez-vous à la place de l'auteur voyant pour la première fois :

  un magnétophone – un «point argent» – un congélateur – un climatiseur
  – un téléphone portatif – une calculette, etc…

- Vous êtes l'inventeur d'un objet ou d'un appareil qui serait très utile et n'existe pas encore sur le marché. Dans l'espoir de vendre votre invention à un industriel, vous rédigez une fiche descriptive de votre invention avec son mode d'emploi. Bien sûr, vous avez donné un nom à votre projet et trouvé un slogan pour sa promotion !

  Exemple : le Baratino est un détecteur électronique de fausses promesses. C'est un boîtier plat qui s'adapte à une montre, etc.
      «Avec Baratino, plus de gogos !»

  Si vous manquez d'imagination, prenez les merveilleux objets magiques des contes : bottes de sept lieues, tapis volant, lampe d'Aladin ou haricots géants…

# L'électronicien

Cent mille fiches perforées chevauchent les
     machines. La salle est claire, on y vivrait.
Le maître est grand, le visage ouvert et des
     yeux avides de problèmes. Ils sont durs car le
     monde avance et il faut refaire les cerveaux.
Généreux, il raconte, il voudrait partager son
     secret. Mais les têtes sont sourdes. Il voyage
     trop loin.
Alors, il s'enfonce tout seul comme un
     spéléo. Ses épaules sont chargées de promesses.

Georges-Louis GODEAU
*LES FOULES PRODIGIEUSES*

---

**A**CTIVITÉS :

- **Le professionnel dans son cadre :**

  En quatre courts paragraphes, vous ferez, comme l'auteur le portrait d'une personne dans son lieu de travail.
  Il/elle est journaliste – coiffeur/se – ministre – pilote de ligne – standardiste – cuisinier/ère, etc.

- **«On y vivrait»**

  Rédigez une note pour demander des améliorations à votre cadre de travail.
  Vous êtes : étudiant/e – employé/e de banque – informaticien/ne – documentaliste – réceptionniste dans un hôtel, etc.

●●● **«Alors, il s'enfonce tout seul, comme un spéléo»**

  Le poète compare l'électronicien à un spéléologue. Étrange peut-être mais observez comment il prépare la comparaison : «il voyage trop loin».

  En un paragraphe, reliez **par le sens** des métiers ou professions pourtant très différents : architecte/cosmonaute – peintre/jardinier – cinéaste/marin – sculpteur/mathématicien, etc.

# Le beau valet de cœur...

 Au bout de quelques années, le marquis commença à trouver la vie de Mme de la Pommeraye trop unie. Il lui proposa de se répandre dans la société : elle y consentit ; à recevoir quelques femmes et quelques hommes : et elle y consentit. Peu à peu, il passa un jour, deux jours sans la voir ; peu à peu, il manqua au dîner-souper qu'il avait arrangé ; peu à peu, il abrégea ses visites ; il eut des affaires qui l'appelaient : lorsqu'il arrivait, il disait un mot, s'étalait dans un fauteuil, prenait une brochure, la jetait, parlait à son chien ou s'endormait. Le soir, sa santé qui devenait misérable, voulait qu'il se retirât de bonne heure.

Denis DIDEROT
*Jacques le Fataliste*

# ... ET LA DAME DE PIQUE...

Charles Baudelaire

 Néanmoins, au bout de quelques années, le Marquis commença à s'ennuyer. Vous voyez ce que je veux dire [...]. D'abord, il lui proposa de sortir un peu plus. Puis qu'elle reçoive plus souvent. Ensuite, il n'allait même plus chez elle quand elle avait des invités. Il avait toujours quelque chose de pressant. Et quand il venait, il parlait à peine, s'étalait dans un fauteuil, prenait un livre, le jetait, jouait avec le chien et s'endormait en présence de la Marquise. Mais Mme de La Pommeraye l'aimait toujours et en souffrait atrocement. Et comme elle était fière, elle s'est foutue en rogne et a décidé d'en finir.

Milan Kundera

*Jacques et son maître. Hommage à Denis Diderot*

## **A**CTIVITÉS :

● Ces deux textes racontent la même chose : la fin d'un roman d'amour. En fait, il s'agit du même roman d'amour. Même situation de rupture, mêmes personnages. Pourtant, les détails donnés sont différents. Et surtout, le ton change d'un auteur à l'autre.

Avec ces deux textes, faites une seule histoire en ajoutant à l'un les détails qui manquent à l'autre.

●● Faites l'exercice précédent en partant du passage de Milan Kundera. Vous y ajouterez les détails que vous trouverez dans le texte de Diderot mais en gardant le ton de Milan Kundera (qui par exemple écrit «sortir» alors que Diderot emploie la formule «se répandre dans la société»).

●●● Faites le même exercice en partant cette fois du passage de Diderot. Il faudra trouver un style soutenu avec une grammaire appropriée et modifier sérieusement une ou deux expressions familières.

# Le Noël de Juliette

 Le lendemain midi, la famille arrive, toute givrée du dehors, petits enfants à chaussettes blanches et manteau bleu marine portant paquets, jeune dame en renard et nuage de poudre pour cacher joli nez rosi, puis gros buisson d'azalée cachant à demi la figure du gendre de Monsieur : «Tenez Juliette, débarrassez-moi, je ne sais où poser ça, c'est ma femme qui…, mais vous avez changé de coiffure, bonjour ma fille».

La fille lui répondrait bien quelque chose, remercie du compliment, ses joues sont rouges, mais c'est la chaleur du four, la mise en plis, c'est la concierge, une amie, excusez-moi Messieurs-Dames, mon déjeuner, enfin, le vôtre, va brûler… et le pot d'azalée se retrouve dans les bras de la jeune bonne venue l'aider, elle s'appelle Anna : «Anna, posez donc ça où vous voulez, au salon, le gigot a besoin de moi».

Un peu plus tard, la maison résonne de cris d'enfants. Entre le grésillement du four et la conversation d'Anna, Juliette n'entend pas la voix du vieux monsieur qui l'appelle. Alors le gendre de Monsieur se fait un plaisir d'entrebâiller la porte de la cuisine, hmm… quel fumet, pour dire à Juliette qu'on la demande au salon. Le temps de quitter son tablier de marmiton, que me veulent-ils encore, pense-t-elle, l'azalée ne doit pas être à la bonne place !

La jeune dame souriante, des paquets dans les bras, se fraie un passage à travers papiers et ficelles, quelle pagaille, Juliette se baisse pour ranger : «Mais non, dit le sourire, on ne vous appelait pas pour cela, tenez, c'est pour vous. – Pour moi ?» Entre ses mains une des boîtes blanches de la pile, ruban et vignette dorée, des chocolats, pour elle ! C'est un cadeau ! Oui, pour vous. Pour moi…

[…]

– Ça, c'est une surprise, Monsieur, merci !

– J'ai bien droit à un petit baiser, dit le vieux monsieur qui ne perd pas le nord.

Juliette l'embrasse de bon cœur.

Marie CHAIX
*JULIETTE, CHEMIN DES CERISIERS*

● Avez-vous bien compris ?

  – Combien de personnages dans ce passage ?
  – Combien de lieux où se déroule l'action ?
  – Qui va mettre le pot d'azalée au salon ?
  – Les joues de Juliette sont rouges. Pourquoi ?
  – Qui a fait, pour Juliette, une belle coiffure ?
  – En essayant de ranger la «pagaille» du salon, Juliette fait une erreur. Laquelle ?
  – Qui va remettre à Juliette une boîte de chocolats ?
  – Qui offre à Juliette cette boîte de chocolats ?
  – Qu'est-ce qui grésille dans le four ?
  – Où se fait la distribution des cadeaux de Noël ?

● Ils courent... ils courent...

  Il y a dans ce passage, deux objets qui passent de main en main. Lesquels ?

  En trois lignes maximum, racontez le «voyage» de ces objets de l'arrivée dans la maison à leur destination finale.

● Pendant cette belle journée familiale, le gendre du vieux monsieur a fait des photos. Sa femme, la «jeune dame souriante» en choisit quatre pour son père et trois pour Juliette. Au dos de chaque cliché, elle écrit un petit message. Triez les photos et écrivez les messages.

  Les photos :

  1 - Le vieux monsieur embrasse Juliette    5 - «Vous avez changé de coiffure»
  2 - Juliette apporte le gigot    6 - Anna et le pot d'Azalée
  3 - Les enfants devant les cadeaux de Noël    7 - Un personnage en tablier de marmiton
  4 - Pagaille dans le salon

●● Dans ce texte, une partie du dialogue est insérée dans le texte même. À partir du second paragraphe, rétablissez toutes les parties qui pourraient être dialoguées. Maintenant, rédigez ces dialogues comme on le ferait pour une pièce de théâtre en donnant les indications de mouvement, de costume, de gestes et de ton.

  Par exemple : Le gendre de Monsieur (il entre portant un gros pot d'azalées qu'il tend à
               Juliette) :
               – Tenez…

●●● À votre tour de rédiger, au présent et en mêlant récit et dialogues, un passage sur une journée de fête où vous garderez tout au long le point de vue d'un seul des participants.

# Comment, tu étais là ?

**MARA,** *à la Mère*    Va, et dis-lui qu'elle ne l'épouse pas.

**LA MÈRE**    Mara ! Comment, tu étais là ?

**MARA**    Va-t'en, je te dis, lui dire qu'elle ne l'épouse pas !

**LA MÈRE**    Qui, elle ? qui, lui ? que sais-tu si elle l'épouse ?

**MARA**    J'étais là. J'ai tout entendu.

**LA MÈRE**    Eh bien, ma fille ! c'est ton père qui le veut.
Tu as vu que j'ai fait ce que j'ai pu et on ne le fait pas
changer d'idée.

**MARA**    Va-t'en lui dire qu'elle ne l'épouse pas, ou je me
tuerai !

**LA MÈRE**    Mara !

**MARA**    Je me pendrai dans le bûcher, là où l'on a trouvé le
chat pendu.

**LA MÈRE**    Mara ! méchante !

**MARA**    Voilà encore qu'elle vient me le prendre !
Voilà qu'elle vient me le prendre à cette heure !
C'est moi qui devait toujours être sa femme, et non
pas elle.
Elle sait très bien que c'est moi.

**LA MÈRE**    Elle est l'aînée.

**MARA**    Qu'est-ce que cela fait ?

**LA MÈRE**    C'est ton père qui le veut.

**MARA**    Cela m'est égal.

**LA MÈRE**    Jacques Hury l'aime.

**MARA**    Ça n'est pas vrai ! Je sais bien que vous ne m'aimez
pas ! Vous l'avez toujours préférée ! Oh, quand vous
parlez de votre Violaine, c'est du sucre, c'est comme
une cerise qu'on suce, au moment que l'on va cra-
cher le noyau !

Paul Claudel

*L'annonce faite à Marie*

32

● Dans cette dramatique querelle entre mère et fille, regardez bien, il y a une progression. Tour à tour, la fille ordonne, révèle qu'elle sait la vérité, puis elle menace, accuse, se plaint. En réponse, la mère s'étonne, supplie et essaie de raisonner sa fille.
Vous allez relever, dans ce dialogue, les phrases qui marquent les étapes de la querelle et donner, pour chacune, des indications de mouvements et de gestes comme un metteur en scène pour des acteurs.

| **Mara** | **la mère** |
|---|---|
| Elle commande : | Elle s'étonne : |
| Elle révèle qu'elle sait : | Elle supplie : |
| Elle menace : | Elle raisonne : |
| Elle accuse : | |
| Elle se plaint : | |

● En respectant la progression dramatique, écrivez le dialogue qui, sur ce sujet, pourrait opposer Mara à sa sœur Violaine.

● Trouvez d'autres formules pour :
  – dis-lui qu'elle ne l'épouse pas
  – va-t'en, je te dis, lui dire...
  – que sais-tu si elle l'épouse ?
  – tu as vu que j'ai fait ce que j'ai pu
  – voilà qu'elle vient me le prendre à cette heure
  – qu'est ce que cela fait ?
  – votre Violaine, c'est du sucre

●● Imaginez quatre cas de conflits entre deux ou plusieurs personnes. Rédigez quatre courts dialogues entre les personnages de votre choix. Chaque dialogue devra se terminer par l'une des phrases suivantes :

  1. Je retourne chez ma mère !
  2. À ton âge, je ne sortais pas tous les soirs !
  3. Et maintenant réglez votre addition ou j'appelle la police !
  4. Je ne remettrai plus jamais les pieds dans ce magasin !

●● «J'étais là, j'ai tout entendu»

Racontez la scène entre le père et la mère, sans dialogue et du seul point de vue de Mara.

●● Ceux que l'on ne voit pas...

Ils sont trois dans ce passage : le père, Jacques Hury et Violaine. À chacun, en privé, la mère va raconter la réaction de Mara. Que vont-ils lui répondre ?

●●● Paul Claudel, poète et auteur dramatique, a écrit *L'Annonce faite à Marie* au début de ce siècle. Il a situé sa pièce en France, au Moyen Âge, dans une famille de riches paysans. Un cinéaste contemporain a décidé de reprendre le sujet en le «modernisant» et vous a choisi comme dialoguiste. Comment allez-vous traiter ce passage (détails, ton, rythme,...) ? Jouez le dialogue avant de l'écrire.

# Un vieux morceau de journal

 Entre ma paillasse et la planche du lit, j'avais trouvé [...] un vieux morceau de journal [...]. Il relatait un fait divers dont le début manquait [...]. Un homme était parti d'un village [...] pour faire fortune. Au bout de vingt-cinq ans, riche, il était revenu avec une femme et un enfant. Sa mère tenait un hôtel avec sa sœur dans son village natal. Pour les surprendre, il avait laissé sa femme et son enfant dans un autre établissement, était allé chez sa mère qui ne l'avait pas reconnu quand il était entré. Par plaisanterie, il avait eu l'idée de prendre une chambre. Il avait montré son argent. Dans la nuit, sa mère et sa sœur l'avaient assassiné à coups de marteau pour le voler et avaient jeté son corps dans la rivière. Le matin, la femme était venue, avait révélé sans le savoir l'identité du voyageur. La mère s'était pendue. La sœur s'était jetée dans un puits. J'ai dû lire cette histoire des milliers de fois. D'un côté, elle était invraisemblable. D'un autre, elle était naturelle. De toute façon, je trouvais que le voyageur l'avait un peu mérité et qu'il ne faut jamais jouer.

Albert CAMUS
*L'ÉTRANGER*

●● Albert Camus a dû être très frappé par ce drame puisqu'il en a fait le sujet d'une de ses pièces : *Le malentendu.*
À votre tour de traiter ce fait divers. Vous le ferez comme un journaliste dans un article. Vous allez être obligé de donner toutes sortes de précisions (lieu, date, heure, détails sur les personnages, appel à la police etc…) tout en gardant un format court. N'oubliez pas de trouver un titre.

●●● À la fin du récit, le narrateur donne un jugement sur cette affaire. Tout le monde aime donner son opinion sur un fait divers ! Vous allez vous mettre à la place d'un journaliste et recueillir un certain nombre d'opinions, à chaud, sur le drame pour les intégrer à un article.
Vous avez interrogé :

– le propriétaire de l'hôtel où ont logé la femme et l'enfant de la victime
– le voisin le plus proche de l'hôtel où a été commis le crime
– le facteur qui s'est étonné de trouver l'hôtel fermé le lendemain matin et a couru avertir la police
– une femme du village qui avait vu arriver les voyageurs
– un ami d'enfance de la victime.

●●● Dans le texte, il y a une phrase courte qui exprime le moment le plus fort du drame, l'heure de vérité :

«Le matin, la femme était venue, avait révélé sans le savoir l'identité du voyageur».

Écrivez, comme dans une pièce de théâtre, le dialogue entre les trois femmes.

# Pour l'approche de Londres...

✿ Pour l'approche de Londres, je préfère la lenteur du train, les compartiments inconfortables du train paresseux depuis Douvres, toujours en retard, les noms des gares inaudibles, l'interminable avancée dans les grandes banlieues sans lignes, indécises, interchangeables. Je suis parti par le premier train du matin, j'ai traversé la Manche en glissant sur un coussin d'air, au sommet d'une grosse bouée soufflée, à travers l'écume, je suis sorti par la sortie «verte» des «customs», je suis monté dans l'un quelconque de ces trains qui se présentent au hasard, et maintenant je franchis Waterloo Bridge. Dans ma poche, je vérifie une poignée de pièces anglaises pour l'autobus, ou le métro. Il pleut. Je mets mon imperméable et ma casquette.

Jacques ROUBAUD
*LE GRAND INCENDIE DE LONDRES*

**A**CTIVITÉS :

● Une destination (Londres), le voyageur est presque là (l'approche), il a choisi un moyen de transport (le train), pour une raison (la lenteur) ; il revoit son voyage (je suis parti) et décrit son arrivée (et maintenant... il pleut).

Suivez ce modèle pour raconter votre arrivée dans une ville ou un pays de votre choix :

Exemple : Pour un week-end à Venise, je rêve d'arriver en avion. La descente doit être magnifique...
New York ! On voit déjà... Le grand paquebot va se glisser...

● **«Dans ma poche, je vérifie...»**

Les petits gestes automatiques de la vie quotidienne. Décrivez-les pour les situations suivantes :

avant de prendre le train/la voiture – au moment de partir au supermarché – on va fermer la maison pour quinze jours d'absence – on a invité dix amis pour un barbecue au jardin – il y a de la fumée qui sort des fenêtres de la maison des voisins, etc.

●● Jacques Roubaud écrit des phrases longues. Veut-il imiter la lenteur du train ? À votre tour de trouver un rythme d'écriture qui imiterait :

le T.G.V. – le métro – l'avion – la fusée – le pas de promenade – le galop du cheval – l'escargot, etc.

Exemple : la phrase – voiture de sport

> Sur l'autoroute, on fonce. On remonte la file de camions. On double les motards. Les panneaux défilent. À cette allure, on va rater la sortie ! Ralentis, Jacques ! Tu n'avais pas vu la voiture de police !

●● Il y a dans le texte une seule note de couleur. Vous allez prendre dans ce passage une phrase à votre choix et y glisser des impressions de **couleur** et de **bruit**.

●●● **«J'ai traversé la Manche en glissant sur un coussin d'air, au sommet d'une grosse bouée soufflée...»**

Et comment pourrait-on décrire :

un téléphérique – un hydravion – un hélicoptère – un vaisseau spatial – un sous-marin – une montgolfière – un dirigeable...

●●● À chacun son goût !
L'auteur dit «je préfère le train» et puis, sans doute par amour du paradoxe, il explique son choix par des adjectifs qui ne donnent pas envie de prendre le train :

paresseux – inconfortable – inaudibles – interminables – indécises, etc.

Comme Jacques Roubaud, vous faites un choix paradoxal que vous expliquez en un paragraphe, soit avec des adjectifs, soit en utilisant des mots comme : mais – bien que – même si – quoique – et pourtant, etc.

Exemple : À l'ordinateur, je préfère ma vieille machine à écrire si bruyante qu'elle fait fuir tout le monde même le chien !

●●● Grand reporter dans un journal, vous écrivez un article racontant les moments qui ont précédé votre arrivé dans une ville exotique imaginaire ou dans une planète inconnue ; ensuite, vous donnerez vos premières impressions.

## SONORE, SOMPTUEUX...

# La foire de Banon

Malgré le mauvais an, le grand marché d'été a rempli la villotte. Il y a des hommes et des chars sur toutes les routes, des femmes avec des paquets, des enfants habillés de dimanche qui serrent dans leurs poings droits les dix sous pour le beignet frit. Ça vient de toutes les pentes des collines. Il y en a un gros tas qui marche sur la route d'Ongles, tous ensemble, les charrettes au pas et tout le monde dans la poussière ; il y en a comme des graines sur le sentier du côté de Laroche, des piétons avec le sac à l'épaule et la chèvre derrière ; il y en a qui font la pause sous les peupliers du chemin de Simiane, juste dessous les murs, dans le son de toutes les cloches de midi. Il y en a qui sont arrêtés au carrefour du moulin ; ceux de Laroche ont rencontré ceux de Buëch. Ils sont emmêlés comme un paquet de branches au milieu d'un ruisseau. Ils se sont regardés les uns les autres d'un regard court qui va des yeux aux sacs de blé. Ils se sont compris tout de suite.

«Ah ! qu'il est mauvais, cet an qu'on est à vivre !»

«Et que le grain est léger !» – «Et que peu y en a !»

«Oh oui !»

Les femmes songent que, là-haut sur la place, il y a des marchands de toiles, de robes et de rubans et qu'il va falloir passer devant tout ça étalé et qu'il va falloir résister. D'ici, on sent déjà la friture des gaufres ; on entend comme un suintement des orgues des manèges des chevaux de bois ; ça fait les figures longues dans un bel air plein de soleil qui vous reproche le mauvais blé.

Dans le pré, à l'ombrage des pommiers, des gens de ferme se sont assis autour de leur déjeuner. D'ordinaire, on va à l'auberge manger la «daube». Aujourd'hui, il faut aller à l'économie.

Jean GIONO

*REGAIN*

# SOBRE, SUBTIL...

# Trois heures à Boghari

❀ Il est une heure de l'après-midi. Nous poussons jusqu'à la sortie opposée du village. Le Sud. Cimetière arabe. Terrain de football. Vue du village maure. La dune. Couleur des arbres sur le ciel.
Scène à la sortie du village. Le football. Scène dans le cimetière arabe. Les jeunes eucalyptus, le ciel au-dessus. La dune avec personnages se découpant sur le ciel. Le village, du genre des plus vieux et délabrés villages maures de Provence, plus la mosquée. Les croupes dénudées sur la droite. Le paysage vers le Sud. Safran, moutarde ou peau-de-lion. Quelque chose dans l'air rougit, ou carmino-groseille les lointains.

Francis PONGE

*MÉTHODES*

## A CTIVITÉS :

● Imaginez quatre ou cinq lignes de dialogue entre les femmes qui regardent les étalages «des marchands de toiles, de robes et de ruban».

●● La lecture du passage de Jean Giono est rendue difficile par des mots et des expressions qui lui donnent une saveur régionale et restituent le langage des paysans. Soulignez ces mots et expressions et choisissez dans la liste suivante les phrases qui pourraient les expliquer :
– avec une mine triste
– une mauvaise récolte de blé
– en habits de fête
– une petite ville
– un plat de bœuf en sauce
– dépenser le moins possible
– quelques notes de musique
– un clin d'œil
– en rang, en file
– une année dure
– il n'y en a pas beaucoup
– une année qui promet d'être difficile

● En lisant le petit texte de Francis Ponge, on a l'impression que l'auteur prend des notes pour pouvoir ensuite de mémoire, dessiner ou peindre le paysage. Relevez les mots ou expressions qui donnent cette impression. Puis en vous inspirant de ce croquis du peintre Paul Signac, rédigez à la façon de Francis Ponge, des notes pour un dessin ou un tableau à exécuter :

Paul SIGNAC.

*LA MOSQUÉE DE SOLIMAN À CONSTANTINOPLE*

●● Jean Giono et Francis Ponge écrivent avec les mêmes intentions : décrire un lieu et son ambiance. Chez Jean Giono, c'est une foire en Provence ; chez Francis Ponge, un village maure. Mais quelle différence entre les deux styles ! L'écriture de Jean Giono est pittoresque, celle de Francis Ponge est précise, économe.
Quel passage vous semble le plus difficile. Pourquoi ?
Lequel préférez-vous ? Pourquoi ?
Une fois votre choix fait, transformez l'autre texte pour essayer de lui donner le genre de style que vous avez apprécié.

# La Grammaire des Sentiments

Et si l'écrivain jouait avec la grammaire comme le peintre avec les couleurs ? Couleurs et sentiments sont riches de nuances... Vous allez explorer cette richesse dans des textes que l'émotion colore. Chacun à votre manière, en vous inspirant de Baudelaire, de Nerval, de Musset ou de Giraudoux, vous apprendrez à exprimer vos propres sentiments. Les textes de cette unité, très variés, peuvent vous inspirer. Les sentiments sont décrits à travers paysages et lieux où ils se manifestent ou bien dans des scènes de confrontation entre personnages ou encore dans des récits. Du point de vue linguistique, c'est donc la langue de la description, de l'interrogation, de l'injonction, du commentaire et de la narration.

## Chanson pour les baptèmes

Mélancolie Mélancolie
quel joli nom pour une jeune fille
Neurasthénie Neurasthénie
quel vilain nom pour une vieille fille

Je cherche un nom pour un garçon
un nom d'emprunt un nom de guerre
pour la prochaine et la dernière
pour la dernière des dernières

Espoir Peut-être Agénor
ou singulier ou Dominique
un nom à coucher dehors
au temps des guerres atomiques

Mais je préfère Nuit
pour celle que j'aime et chéris
Nuit brune Nuit douce
Nuit claire comme eau de source

Philippe SOUPAULT

*Poêmes et poésies*

*J'aime la règle qui corrige l'émotion.*

Georges BRAQUE

Je maudis l'oignon…

Tous les mardis et vendredis, on mange du hachis aux oignons, et pendant sept ans je n'ai pu manger de hachis aux oignons sans être malade.

J'ai le dégoût de ce légume.

[…]

«Il faut se forcer, criait ma mère. Tu le fais exprès, ajoutait-elle, comme toujours»

C'était le grand mot. «Tu le fais exprès !»

Elle fut courageuse heureusement : elle tint bon, et au bout de cinq ans, quand j'entrai en troisième, je pouvais manger du hachis aux oignons. Elle m'avait montré par là qu'on vient à bout de tout, que la volonté est la grande maîtresse.

[…]

J'aimais les poireaux.

Que voulez vous ? – Je haïssais l'oignon, j'aimais les poireaux. On me les arrachait de la bouche, comme on arrache un pistolet des mains du criminel, comme on enlève la coupe de poison à un malheureux qui veut se suicider.

«Pourquoi ne pourrais-je pas en manger ?» demandais-je en pleurant.

– «Parce que tu les aimes» répondait cette femme pleine de bon sens…
«Aimes-tu les lentilles ?»

– «Je ne sais pas…»

Il était dangereux de s'engager.

Jules VALLÈS

*L'ENFANT*

● Il est très amusant de faire des listes ! Une noble dame japonaise, au XI<sup>e</sup> siècle en a composé tout un ouvrage aussi surprenant que passionnant.*

– Demander à tous les apprenants de classer par ordre de 1 à 10 ce qu'ils préfèrent, ce qu'ils détestent (couleurs, nourriture, style de vêtements, sports, etc.) sans mettre leur nom sur cette double liste. Ensuite, les documents seront mélangés et lus à haute voix et il faudra en groupe en deviner les auteurs.

– Un projet de repas de fête :

Chaque apprenant établit la liste de ce qu'il adore et de ce qu'il déteste manger. Ces listes seront étudiées en commun et on essaiera d'établir un menu qui plaise à tout le monde. Ensuite, on partagera les préparatifs : choix de la date, budget, courses, décoration, musique d'ambiance etc. entre les divers apprenants qui devront à nouveau faire des listes de leurs diverses tâches et construire un projet d'ensemble en tenant compte de tous les documents.
Il est recommandé de réaliser concrètement cette activité de nature conviviale !

● **«Je maudis l'oignon… J'aimais les poireaux.»**

Tout le monde n'a pas des goûts aussi tranchés ! On peut choisir de s'exprimer de manière plus nuancée. C'est ce que vous allez faire :

– D'abord avec le verbe aimer à la forme négative en ajoutant des mots ou expressions à votre choix :
Exemple : Je n'aime pas vraiment la peinture abstraite.

– Puis en substituant d'autres verbes (qui vous obligeront parfois à changer la construction de la phrase) :
Exemple : La peinture abstraite ne me plaît guère.

– Enfin, en procédant par comparaison ou par contraste :
Exemple : Je n'aime pas autant la peinture abstraite que l'école impressionniste. Je ne raffole pas de la peinture abstraite mais j'adore les impressionnistes.


Et maintenant en utilisant toutes ces manières de nuancer vos sentiments, exprimer votre goût (ou votre dégoût) sur l'un des sujets suivants :
le jazz – les voyages en avion – les vacances en famille – le cirque – la démocratie – la crème caramel, …

●● Dans ce passage, Jules Vallès donne son point de vue : sa mère très autoritaire a pesé sur ses goûts d'enfant. Ce texte est totalement subjectif. Cherchez les mots, les phrases où cette subjectivité vous semble :
juste – exagérée – ironique ou méchante.

Comme l'auteur, vous allez écrire un petit passage où vous caricaturerez un personnage : chanteur – présentateur de télévision – héros de bande dessinée ou de conte de fées en colorant ce portrait de remarques ironiques.

Exemple : Elle est bien jolie, Blanche Neige mais ses grands yeux toujours arrondis de surprise, sa bouche entrouverte et son éternel tablier lui donnent l'allure d'une petite servante pas très futée, etc.

●● Petite devinette arithmétique !
En lisant très attentivement le texte, pouvez-vous dire à quel âge l'auteur est entré en classe de 3ᵉ ?

●●● **«Aimes-tu les lentilles ?» – «Je ne sais pas...»**

Il y a des choix difficiles ! Vous avez reçu, pour le même week-end deux invitations également tentantes (par exemple une visite à la campagne chez des amis qui pendent la crémaillère autour de leur piscine et un billet gratuit pour un concert unique de votre chanteur/euse favori/te). Vous êtes obligé/e d'écrire une lettre pour refuser l'une de ces invitations. Rédigez-la.

●●● Relisez le passage en imaginant que vous êtes le père du petit garçon et que vous avez assisté à la première partie de la scène. Vous n'êtes pas d'accord avec les méthodes d'éducation de votre femme trop tyrannique. Qu'allez-vous lui dire ?

# La Cousine

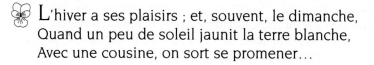 L'hiver a ses plaisirs ; et, souvent, le dimanche,
Quand un peu de soleil jaunit la terre blanche,
Avec une cousine, on sort se promener…

– Et ne vous faites pas attendre pour dîner,
Dit la mère. Et quand on a bien, aux Tuileries,
Vu sous les arbres noirs, les toilettes fleuries,
La jeune fille a froid… et vous fait observer
Que le brouillard du soir commence à se lever.

Et l'on revient, parlant du beau jour qu'on regrette,
Qui s'est passé si vite… et de flamme discrète :
Et l'on sent en rentrant, avec grand appétit,
Du bas de l'escalier, – le dindon qui rôtit.

Gérard DE NERVAL
*ODELETTES*

---

**A**CTIVITÉS :

---

- Le chaud et le froid !
  Connaissez vous l'expression «faire souffler le chaud et le froid» ? Elle signifie l'alternance d'impressions, de sentiments contrastés. Dans le poème de Gérard de Nerval, mettez en deux colonnes les contrastes :

  **Le froid**
  – l'hiver

  **Le chaud**
  – le soleil jaunit la terre

- **«L'hiver a ses plaisirs…»**

  Cette promenade d'amoureux timides, situez-la dans une autre saison. Changez les détails en conséquence.

Vous pouvez aussi, si vous le souhaitez, changer le jour, l'heure... L'essentiel est de garder l'anecdote :

le départ – la promenade – le retour, ...

●● **«On sort se promener... on revient...»**

Le pronom «on» est si commode ! Il peut remplacer des pronoms (je, nous, vous, ils, elles) ou encore d'autres sujets du verbe (les gens, tout le monde, quelqu'un, etc...). Mais attention ! il généralise. Il apporte aussi des nuances qu'il faut savoir deviner. Voici quelques phrases où «on» apporte l'une des nuances suivantes :
– autorité – habitude – timidité – banalité – indifférence – complicité.

Écrivez de courts dialogues où les personnages, les situations, donneront une nuance à chacune des phrases suivantes :

– on ne l'a pas fait exprès !
– on se tait et on se met au travail !
– allez, on y va ?
– alors, ces vacances, on s'est bien amusé ?
– on vient, on vient...
– on va souvent avec eux

Et maintenant, cherchez la/les nuance/s donné/es par les différents «on» du poème et par leur répétition.

●● Le jeu des «bouts rimés» :

Dans le poème de Gérard de Nerval, regardez les rimes (les mêmes sons répétés à la fin de deux lignes). Observez le rythme : douze syllabes par ligne = un alexandrin.
Si tout le monde n'est pas poète, il est facile de fabriquer des alexandrins qui riment. Exercez-vous sur le modèle de *La Cousine.* Voici, des exemples de rimes que vous pourriez utiliser :

samedi/fini – auto/bistro – plage/courage – épuisé/rentrer – s'achève/rêve – adieu/délicieux

Attention à bien placer les mots et à compter les syllabes pour arriver à faire de vrais alexandrins !

●●● Gérard de Nerval écrivait au XIX^e siècle dans une société où le code des convenances était très strict pour les rencontres entre filles et garçons. Quelles phrases dans le poème indiquent ces convenances ?

Une habitude «romantique» : vous allez imaginer que la «cousine» et son «cousin» tiennent leur journal. Au soir de cette promenade, chacun écrit ses impressions de la journée. Par exemple :

Adélaïde

– Enfin ! j'ai pu avoir un moment
    de solitude avec lui...

Gaston

– Je m'y attendais, sa mère avait
    tout arrangé...

# Congés payés

moi dit la cathédrale je voudrais être coureur à pied pour
      pouvoir lâcher mes béquilles
moi dit le pont je voudrais être suspendu pour pouvoir sauter
      à la corde
moi dit l'imagination je voudrais être riche pour pouvoir
      emmener l'anselme en vacances
moi dit la seine je voudrais être mer pour pouvoir avoir des enfants
      qui jouent avec le sable

Jean L'ANSELME
*IL FERA BEAU DEMAIN*

● Devinettes…
  – Vous êtes l'auteur de ce poème, il y a un mot que vous devez absolument changer. Lequel ?
  – Une cathédrale, un pont, la Seine… De quel paysage l'auteur s'est-il inspiré ? Soyez aussi précis que possible.

● Si la cathédrale a des béquilles, on pourrait dire que :
  – la gare avec sa grosse horloge a un…
  – la grue du chantier tend le…
  – l'entrée du métro s'ouvre comme une…
  – les marronniers du boulevard secouent leur…

  Si le pont suspendu peut sauter à la corde, quels jeux pratiqueraient :
  – le kiosque à journaux
  – les poteaux télégraphiques
  – l'escalier roulant
  – la Tour Eiffel

● Dans le dernier paragraphe, essayez de modifier l'orthographe d'un mot pour mieux comprendre. Quel mot allez-vous choisir ?

● Dans le poème, il y a quatre «personnages». Lequel est capable de réaliser les rêves des trois autres ?

● Tout le monde aime rêver. Pourtant, il arrive qu'on dise de quelqu'un : «C'est un rêveur !» et ce n'est pas un compliment. Et si vous décidiez de fonder une grande Association Internationale pour la Protection des Rêveurs ? C'est un travail de groupe avec des tâches à distribuer :

  – trouver pour l'Association un nom, un sigle, un logo. Composer une carte de visite et un en-tête de papier à lettre.
  – nommer un Président (une haute personnalité) et tous les membres d'un Comité de Patronage et de Soutien.

●●/●●● – rédiger les statuts de l'Association.
  – faire des articles pour la presse et prévoir le texte d'une interview pour différentes radios.
  – prévoir un clip pour la télévision (scénario, acteurs, musique, message).
  – organiser l'Assemblée Générale (date, ordre du jour, questionnaire, lettre d'invitation, etc…)
  – trouver des illustrations pour une campagne d'affichage.

●●● La reprise du même groupe de mots au début de chaque strophe ou paragraphe évoque le style de la chanson en ritournelle. Essayez d'écrire un petit texte en vous servant des ritournelles suivantes :
  – sur mon tapis volant…
  – on ira dans la lune…
  – je te donne…
  – fais comme ci, fais comme ça…

# MON BERCEAU S'ADOSSAIT À LA BIBLIOTHÈQUE...

C. BAUDELAIRE

## Liseur

 ... J'ai la passion de la lecture. Je suis un liseur ; un liseur de livres surtout, d'ailleurs.

Ma passion est aussi ancienne que moi [...]. À tout moment du passé, je vois des livres : des livres retournés ouverts dans l'herbe, des livres en tas près d'un lit ; des livres sur une table, sur des étagères, dans des cartables, des sacs plastiques, des valises ; livres dans l'autobus, le train, le métro, l'avion. Toute image du monde autour de moi contient au moins un livre [...].

Je lis chaque jour ; je lis le jour, je lis la nuit ; je lis plus que je ne devrais, j'y passe plus de mon temps peut-être qu'à toute autre activité. Si très rares sont les jours de ma vie où j'ai été sans lire (et ils comptent certainement parmi les plus sinistres), pas rares sont ceux où je n'ai fait que cela. Je peux lire n'importe quand, n'importe où. Mais (et c'est pour cela que j'ai la passion de la lecture [...]) je ne peux pas lire n'importe quoi.

Jacques ROUBAUD
*LE GRAND INCENDIE DE LONDRES*

## A CTIVITÉS :

● **«J'ai la passion de la lecture…»**

Comme Jacques Roubaud, vous êtes habité/e par une passion : la musique, le chocolat, le foot, les timbres, la brocante, etc… Cette passion envahit votre esprit, votre espace, votre temps. Et vous la faites partager en suivant le modèle donné par le texte :

«À tout moment du passé… au moins un…»

●●/●●● Vous êtes éditeur. Vous avez reçu trois manuscrits originaux que vous voulez publier :

1. Le récit d'une cosmonaute qui a passé six semaines sur la planète Mars.
2. Un grand roman d'amour entre un champion de boxe et une chanteuse d'opéra.
3. Un recueil de recettes de cuisine mexicaine.

Pour l'un ou l'autre de ces manuscrits, vous devez choisir un titre, une illustration pour la couverture (faites une note destinée au dessinateur ou photographe expliquant ce que vous souhaitez). Enfin, vous voulez écrire un texte court qui apparaîtra au dos du livre – la quatrième de couverture – et qui donnera aux gens l'envie d'acheter cet ouvrage.

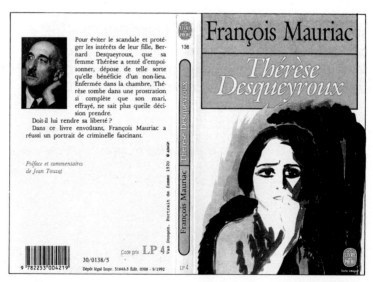

●●● Il y a tant de manières de lire…

Associer par paires les verbes suivants qui décrivent diverses activités de lecture et les noms qui correspondent à ces activités :

1. parcourir – feuilleter – scruter – consulter – lire en diagonale – dévorer – jeter un coup d'œil sur – dépouiller – déchiffrer – prendre connaissance de – se plonger dans – faire la lecture de – examiner – potasser.

2. les journaux – une revue/un magazine – un cours de maths – un manuscrit – des documents – l'œuvre de Balzac – un discours – un dossier – un annuaire de téléphone/un dictionnaire – un agenda – un texte – des archives – un roman policier – un article.

●● **Avant de lire le passage p. 52**, on va s'habituer à manier la phrase longue.

**Oralement** : le jeu de la phrase qui n'en finit pas.
Le professeur écrit au tableau une phrase courte que chaque apprenant va allonger. Le jeu se pratique à haute voix et la phrase doit être reprise avec tous les éléments rajoutés :

Exemple : Pour faire un paquet cadeau, il faut…
Pour faire un paquet cadeau, il faut une grande feuille de papier…
du ruban de couleur<br>du ruban de couleur rouge

**Par écrit** : on divise la classe en groupes de cinq apprenants. Chaque groupe doit décrire un objet différent (une montre, un stylo, un téléphone, etc.) en une seule phrase la plus longue possible.

●●● Même activité mais on utilisera les pronoms «qui, que, dont» pour relier les phrases de la description.

●● Lire une phrase longue c'est un peu comme escalader un pic. Il faut trouver des points d'appui. Par exemple, la ponctuation (chaque virgule est une invitation à s'asseoir pour souffler), les mots connus (des amis qui sont déjà au sommet et vous font signe), les verbes (sûrs comme de bonne chaussures de montagnes), etc.
Chaque apprenant trouvera ses propres points d'appui dans la phrase suivante et ces points seront mis en commun pour comprendre l'ensemble de la phrase.

«…je m'étais étendu sur mon lit, un livre à la main, dans ma chambre qui protégeait en tremblant sa fraîcheur transparente et fragile contre le soleil de l'après-midi derrière ses volets presque clos où un reflet du jour avait pourtant trouvé moyen de faire passer ses ailes jaunes et restait immobile entre le bois et le vitrage, dans un coin, comme un papillon posé».

Voilà ! vous avez lu et compris une phrase de Proust !

●●● Vous prenez la consigne de l'exercice précédent (lire une phrase longue c'est … chaussures de montagne, etc.) et vous en faites une seule phrase longue sans rien mettre entre parenthèse !

●●/●●● Et maintenant, à l'assaut du texte !

# Un plaisir divin

Il n'y a peut-être pas de jours de notre enfance que nous ayons si pleinement vécus que ceux que nous avons cru laisser sans les vivre, ceux que nous avons passés avec un livre préféré. Tout ce qui, semblait-il, les remplissait pour les autres, et que nous écartions comme un obstacle vulgaire à un plaisir divin : le jeu pour lequel un ami venait nous chercher au passage le plus intéressant, l'abeille ou le rayon de soleil gênants qui nous forçaient à lever les yeux de sur la page ou à changer de place, les provisions de goûter qu'on nous avait fait emporter et que nous laissions à côté de nous sur le banc, sans y toucher, tandis que, au-dessus de notre tête le soleil diminuait de force dans le ciel bleu, le dîner pour lequel il avait fallu rentrer et où nous ne pensions qu'à monter finir, tout de suite après, le chapitre interrompu, tout cela, dont la lecture aurait dû nous empêcher de percevoir autre chose que l'importunité, elle en gravait au contraire en nous un souvenir tellement doux (tellement plus précieux à notre jugement actuel, que ce que nous lisions alors avec tant d'amour), que, s'il nous arrive encore aujourd'hui de feuilleter ces livres d'autrefois, ce n'est plus que comme les seuls calendriers que nous ayons gardés des jours enfuis, et avec l'espoir de voir reflétés sur leurs pages les demeures et les étangs qui n'existent plus.

Marcel PROUST
*SUR LA LECTURE*

---

**Attention** ! La lecture de ce texte est préparée par les activités des pages qui précèdent.

# J'étais déjà installé dans mon deux-pièces

J'étais déjà installé dans mon deux-pièces, avec mes meubles, des objets divers, des présences familières. Le fauteuil, surtout, m'est sympathique, avec son air décontracté, qui fume la pipe, en tweed anglais ; il semblait toujours se reposer après de longs voyages et on sentait qu'il avait beaucoup de choses à raconter. Moi, j'ai toujours choisi mes fauteuils parmi les Anglais. Ce sont de grands globe-trotters. Je m'asseyais sur le lit en face de lui, je prenais une tasse de thé et j'aimais cette présence tranquille, confortable, qui déteste l'agitation. Le lit aussi est bien, il y a de la place pour deux, en se serrant un peu.

Les lits m'ont toujours posé des problèmes. S'ils sont étroits, pour une seule personne, ils vous foutent dehors en quelque sorte, ils vous coupent vos efforts d'imagination. Ça fait 1, sans ambages, sans ménagement. «T'es seul, mon vieux et tu sais bien que tu le resteras». Je préfère donc les lits à deux places qui s'ouvrent sur l'avenir, mais c'est là que se présente l'autre côté du dilemme. Les dilemmes sont tous des peaux de cochon, soit dit en passant, j'en ai pas connu d'aimables. Car avec un lit pour deux chaque soir, et toute la journée samedi et dimanche, on se sent encore plus seul que dans un lit pour un, qui vous donne au moins une excuse d'être seul. [...] Seul dans un lit pour deux, [...] c'est l'angoisse malgré toutes les sirènes d'alarme, les police-secours, les voitures de pompiers, ambulances et états d'urgence, dehors, qui vous font croire que quelqu'un s'occupe de quelqu'un. Une personne livrée à elle-même sous les toits de Paris, c'est ce qu'on appelle les sévices sociaux. Lorsque cela m'arrivait, je m'habillais, je mettais mon manteau qui a une présence chaleureuse avec manches, et j'allais me promener dans les rues en cherchant des amoureux dans les portes cochères. C'était avant la Tour Montparnasse.

Émile AJAR
*GROS CÂLIN*

- Quelles phrases du texte pouvez-vous remplacer – sans changer le sens – à l'aide des suggestions suivantes :
  - complètement isolée
  - c'est la panique
  - mon bon gros pardessus d'hiver
  - ils ont l'air de vous mettre à la porte
  - on peut compter sur la solidarité des autres
  - entre parenthèses
  - ça souligne qu'on joue en solo
  - on dirait
  - option
  - rabat-joies

- «Sévices sociaux». Attention, jeu de mots ! Regardez dans le dictionnaire le sens du mot «sévice» et cherchez un mot qui lui ressemble mais qui est pratiquement son contraire. Le contexte va aussi vous aider…

- **«Le fauteuil, surtout m'est sympathique…»**      **«Les lits m'ont toujours posé des problèmes…»**

  Le fauteuil = son fauteuil                          Les lits en général…

  Imitez l'auteur. Trouvez dans les listes suivantes des objets qui vous sont sympathiques et d'autres qui vous posent des problèmes et décrivez-les :

  - miroir de Venise
  - tapis de Turquie
  - paravent chinois
  - photo de Paris
  - couverture mexicaine

  - plantes vertes
  - livres
  - ordinateurs
  - lampes
  - ascenseurs

- ● **«J'étais déjà installé…»**

  Studio, villa, chalet en montagne, péniche, gratte-ciel, igloo ? Où aimeriez-vous habiter ? Rédigez la petite annonce qui accroche votre attention sur l'endroit où vous voudriez déjà être installé/e.

●● **«Seul dans un lit pour deux, c'est l'angoisse…»**

Les deux derniers mots expriment la tension de la situation. D'autres situations provoquent d'autres exclamations :

– c'est la joie                  – c'est le rêve
– c'est la panique         – c'est la fête
– c'est l'horreur           – c'est le Pérou
– c'est la gloire            – c'est la honte
– c'est l'affolement       – c'est la surprise

Voici un choix de situations. En vous inspirant du style de l'auteur, vous allez faire des phrases qui contiennent l'une de ces expressions. Pour développez la phrase, vous utiliserez «malgré» ou «grâce à», selon le sens :

Exemple : Un examen, c'est le cauchemar, malgré les révisions, les conseils des professeurs, le soutien des amis et un bon livret scolaire.

Situations :

– naufragé sur une île déserte
– «votre» équipe de foot gagne la Coupe du Monde
– chanteur victime d'une extinction de voix
– un million à la loterie mais le billet est perdu
– malade à la veille de partir au carnaval de Rio
– votre appartement a été cambriolé
– on vous offre une croisière autour du monde
– invité/e à une soirée à la campagne chez des amis, votre voiture tombe en panne en rase campagne
– vous cassez un bibelot précieux

●●● **«C'était avant la Tour Montparnasse»**

Il y a sûrement dans votre ville ou dans votre pays un monument ou une construction qui marque une étape, qui délimite deux époques. Écrivez un paragraphe que vous terminerez par : «C'était avant (ou après)…»

●●● **«Moi, j'ai toujours choisi mes fauteuils parmi les Anglais. Ce sont de grands globe-trotters».**

On a, comme ça, sur certains peuples, sur certains pays, des idées toutes faites qui sont des clichés. Faites une liste des clichés qu'on répète toujours quand on parle des Français :

Exemple : Ils se nourrissent d'escargots et de grenouilles…

Quels sont les clichés qui vous irritent le plus quand on parle de votre pays ?

# La vie en Technicolor

[…]

**HECTOR**  Choisissez-vous le départ, oui ou non ?

**HÉLÈNE**  Ne me brusquez pas… Je choisis les événements comme je choisis les objets et les hommes. Je choisis ceux qui ne sont pas pour moi des ombres. Je choisis ceux que je vois.

**HECTOR**  Je sais, vous l'avez dit : ceux que vous voyez colorés. Et vous ne vous voyez pas rentrant dans quelques jours au palais de Ménélas ?

**HÉLÈNE**  Non. Difficilement.

**HECTOR**  On peut habiller votre mari très brillant pour ce retour.

**HÉLÈNE**  Toute la pourpre de toutes les coquilles ne me le rendrait pas visible.

[…]

**HECTOR**  Nous allons vous remettre aux Grecs en plein midi, sur le sable aveuglant, entre la mer violette et le mur ocre. Nous serons tous en cuirasse d'or à jupe rouge, et entre mon étalon blanc et la jument noire de Priam, mes sœurs en péplum vert vous remettront nue à l'ambassadeur grec, dont je devine, au-dessus du casque d'argent, le plumet amarante. Vous voyez cela, je pense ?

**HÉLÈNE**  Non, du tout. C'est tout sombre.

**HECTOR**  Vous vous moquez de moi, n'est-ce-pas ?

**HÉLÈNE**  Me moquer, pourquoi ? Allons ! Partons, si vous voulez ! Allons nous préparer pour ma remise aux Grecs. Nous verrons bien.

[…]

Jean GIRAUDOUX
*LA GUERRE DE TROIE N'AURA PAS LIEU*

● **«...oui ou non ?» «Ne me brusquez pas...»**

Dire non gentiment, fermement, poliment ou capricieusement est tout un art ! Voici trois situations que vous allez mettre en dialogue pour apprendre cet art. Une règle : vous n'utiliserez jamais le mot non. Vous le remplacerez par l'une ou l'autre des expressions suivantes :

C'est vraiment trop gentil mais... – Pas si tôt – Pas encore – Il vaudrait mieux – Ça tombe mal – Il n'en est pas question – C'est exclu – Jamais de la vie – Vraiment pas – Sincèrement, je ne crois pas – Attendez... – Il y a un problème – Je ne vois pas comment...

1. Vous avez décidé de passer la soirée tranquillement à la maison (seul ou en compagnie). On sonne. C'est le voisin du dessus qui a organisé une petite fête. Il veut vous inviter, il insiste : «Mais si, montez, ça me ferait plaisir !».

2. Arnaud va emménager dans un petit studio. Sa tante Charlotte qui a une maison bourrée de vieux meubles – de très grande valeur mais qu'Arnaud trouve horribles – insiste pour lui fournir un ameublement complet. Arnaud ne veut pas la vexer...

3. Véronique est très déçue. Son mari avait rapporté d'Irlande un gros saumon frais pêché et, comme elle n'a pas de congélateur, elle avait lancé dix invitations-surprises pour ce soir. En rentrant du bureau, elle trouve sur son répondeur cinq messages d'invités qui se décommandent. Composez ces messages.

●● Hélène est capricieuse et entêtée... Hector est autoritaire et sarcastique. C'est la pire combinaison de caractères pour sortir d'un conflit. Vous pourriez inventer deux personnages de caractère opposé et s'affrontant de la même manière mais sur un conflit différent. Par exemple, le choix d'un programme de télévision ou une décision à prendre entre la montagne et la mer pour les vacances.
Écrivez un dialogue soit individuellement, soit en groupe. Les dialogues seront joués en classe.

●● En noir et blanc ou en Technicolor ?

La classe devient un bureau d'études pour une agence de publicité. On va lancer une grande campagne pour une cause humanitaire. Les dessinateurs arrivent avec des projets d'affiches de toutes les couleurs (décrivez ou dessinez ces projets). Mais certains publicistes ne sont pas d'accord. Ils ont apporté des photos en noir et blanc (trouvez ou décrivez ces documents). Le directeur de l'agence demande aux uns et aux autres de rédiger une note afin de prendre une décision. Écrivez ces notes. Soyez persuasif/ve, il s'agit de convaincre...

●●● **«Je choisis les événements comme je choisis les objets et les hommes... Je choisis ceux qui ne sont pas pour moi des ombres...» – «Je sais... ceux que vous voyez colorés».**

Au lieu de voir les objets et les hommes en impressions colorées, Hélène les entend (bruits, musique...) ou les sent (odeurs, parfums). Récrivez les arguments d'Hector («Nous allons ... je pense ?») en tenant compte de cette différence de perception.

# Hier, on m'a mené au théâtre

 «Hier, on m'a mené au théâtre. Dans des palais grands et tristes, au fond desquels on voit la mer et le ciel, des hommes et des femmes, sérieux et tristes aussi, mais bien plus beaux et bien mieux habillés que ceux que nous voyons partout, parlent avec une voix chantante. Ils se menacent, ils supplient, ils se désolent, et ils appuient souvent leur main sur un poignard enfoncé dans leur ceinture. Ah ! c'est bien beau ! Les femmes sont bien plus belles et bien plus grandes que celles qui viennent nous voir à la maison, et, quoique avec leurs grands yeux creux et leurs joues enflammées elles aient l'air terrible, on ne peut pas s'empêcher de les aimer… On a peur, on a envie de pleurer, et cependant l'on est content… Et puis, ce qui est plus singulier, cela donne envie d'être habillé de même, de dire et de faire les mêmes choses, et de parler avec la même voix…»

Charles BAUDELAIRE
*POÈMES EN PROSE*

● **«Hier, on m'a mené au théâtre»**

1. «On m'a mené», «Je suis allé». Quelle différence ?

2. Sur le spectacle, Baudelaire donne des détails précis que vous relèverez dans le passage :

   – décor                     – maquillage
   – costumes                  – gestuelle
   – accessoires               – élocution

3. D'après ces détails, qu'est-ce qui était à l'affiche ce soir-là ?
   un opéra – une comédie – une pantomime – un spectacle de variétés – une tragédie classique – un drame – un mélodrame.

●

Voilà deux personnages «bien plus beaux et bien mieux habillés que ceux que l'on voit partout». Vous êtes chargé/e des costumes dans un théâtre et vous donnez, par écrit, au régisseur des instructions précises sur les costumes des acteurs dans les rôles suivants :

Tintin – le Prince Charmant – un clown – un clochard – la Reine de la Nuit – un chanteur de rock – Don Quichotte – Robin des Bois – Arlequin, Colombine et Pierrot.

●● **Le spectateur émerveillé, c'est vous !**

Choisissez dans ce cahier l'un des textes tirés d'une pièce de théâtre et imaginez que vous l'avez vu sur scène. Écrivez les impressions que vous avez ressenties en donnant les motifs (jeu des acteurs, mise en scène, décors, etc.) de votre plaisir ou de votre déception.

●●● **«On a peur, on a envie de pleurer, et cependant l'on est content».**

Résumez en deux paragraphes l'une de ces belles histoires si tristes, si fascinantes :
Roméo et Juliette – Madame Butterfly – Tristan et Yseult – La Dame aux Camélias – Antoine et Cléopâtre – ou toute autre légende de votre littérature ou de votre folklore.

●●● Vous avez une vocation de comédien/ne. Vous décidez d'écrire à l'acteur/rice que vous admirez le plus pour lui dire votre émerveillement et lui demander quelques conseils en vue de réaliser votre ambition.

# John, de Nantucket

 C'était au commencement, tout à fait au commencement, quand il n'y avait personne sur la mer, rien d'autre que les oiseaux et la lumière du soleil, l'horizon sans fin. Depuis mon enfance j'ai rêvé d'aller là, dans cet endroit où tout commençait, où tout finissait. Ils en parlaient comme d'une cachette, comme d'un trésor. À Nantucket, ils en parlaient tous, comme on parle quand on est saoul. Ils disaient, là-bas, en Californie, il y a ce lieu secret où les baleines vont mettre bas leurs petits, où les vieilles femelles retournent pour mourir. Il y a ce réservoir, ce creux immense dans la mer, où elles se réunissent par milliers, toutes ensemble, les plus jeunes avec les plus vieilles, et les mâles forment tout autour une ligne de défense pour empêcher les orques et les requins de venir, et la mer bout sous les coups des nageoires, le ciel s'obscurcit dans la vapeur des évents* les cris des oiseaux font un bruit de forge.

C'est ce qu'ils disaient, ils racontaient tous cet endroit, comme s'ils l'avaient vu. Et moi, sur les quais de Nantucket, j'écoutais cela et je m'en souvenais moi aussi, comme si j'y avais été.

Et maintenant, tout a disparu. Je m'en souviens, et c'est comme si ma vie n'avait été que ce rêve, au cours duquel tout ce qui était beau et nouveau dans le monde s'était défait, s'était détruit. Je ne suis jamais revenu à Nantucket. Est-ce que le bruit de ce rêve existe encore ?

Jean-Marie Gustave Le Clézio
*PAWANA*

---

\* évent : narines de cétacés

● Dans le rêve de John, il y a deux lieux importants. Mettez le nom de ces deux lieux comme titres de deux colonnes. Dans chaque colonne, vous écrirez les phrases du passage qui s'y rapportent.

● Des noms, des mots, des expressions qui font rêver...

Chaque apprenant va trouver (ou inventer, pourquoi pas ?) ces noms, ces mots ou ces expressions et les noter sur des petits papiers. Ensuite, on tirera au sort dix papiers et le professeur écrira les mots au tableau. En travaillant individuellement ou en groupes, les apprenants écriront un petit conte où on les utilisera et qui pourra commencer avec l'une des expressions suivantes :

Il était une fois – Il y a bien longtemps... – Une très ancienne légende raconte que..., etc.

●● **«...là-bas ...il y a ce lieu secret...»**

Les marins de Nantucket racontent l'histoire du «lieu secret» où naissent et meurent les baleines. Comme eux, vous connaissez une histoire mystérieuse : un château hanté, une grotte où vit un monstre, le passage d'une soucoupe volante, la vallée des grands dinosaures, etc... Racontez en suivant les constructions de l'auteur.

«Il y a... où... où... Il y a... où... et... et...».

●/●●● **«Ils en parlaient comme d'une cachette, comme d'un trésor... ils en parlaient tous, comme on parle quand on est saoul».**

Trois vieux marins de Nantucket évoquent pour un quatrième compagnon, un jeune matelot, l'étrange vision qu'ils ont eue, un jour... Prenez les informations données dans le texte et écrivez leur conversation en dialogues en tenant compte des consignes que donne l'auteur (secret - incrédulité - émerveillement - hallucination collective, etc.)

Exemple : - Le soleil se levait...
           - Non ! il y avait encore beaucoup de brume !
           - Pas de la brume... Une vapeur, un jet de vapeur...
           - Et alors ?

●●● La baleine, animal allégorique

Certains animaux (le taureau, le dauphin, le serpent etc.), certains éléments (le feu, l'eau, etc...) sont évocateurs d'un pouvoir magique ou spirituel. Ils sont des symboles de la vie, de la mort, de la force... Choisissez un document (photo, dessin, tableau ou autre) illustrant un de ces symboles et décrivez sa magie, son pouvoir, en commençant votre narration par la phrase de Le Clézio : «C'était au commencement, tout à fait au commencement...»

# Tu n'as pas envie parfois d'avoir une vie normale ?

 … si tu m'aimes disait Philippe, ne peux-tu faire ceci qui me plaît, et ne pas faire cela, qui ne me plaît pas ? Ce n'est pourtant pas compliqué. Disait Philippe, et moi je l'écoutais bouche bée, je buvais ses paroles. Je leur trouvais un sens.

Et puis ça t'avance à quoi cette existence que tu mènes ? Hein ? En définitive, ça t'avance à quoi ?

Que répondre ? À rien bien sûr, ça ne m'avance à rien. Ça n'est pas fait pour avancer ; d'ailleurs avancer où ? C'est fait pour quoi ? – eh bien je ne sais pas. Tu vois, dit-il avec un bon sourire, tu vois bien que tu ne sais pas.

De fait je ne vois plus rien du tout. Cet homme c'est Attila. Là où il a passé c'est le désert. Mon cerveau est rempli de nuages. Qui suis-je. Que fait-on ici. Mystère. Ah, ces grandes pensées confuses, dit-il, ça a l'air très beau comme ça, très poétique (?), et puis quand on y regarde d'un peu près c'est brouillard et compagnie. Brouillard et compagnie, répète-t-il, satisfait de la formule. La vie, la vie, ce n'est pas ça, la vie c'est beaucoup plus simple mon chaton, que ça. Tu n'as pas envie parfois d'avoir une vie normale ? disait Philippe.

Normale. Qu'est-ce que ça veut dire ? Qu'est-ce qui est une vie normale sur la terre aujourd'hui ? Moi je veux bien, mais qu'est-ce que c'est ?

Christiane ROCHEFORT

*LES STANCES À SOPHIE*

**A**CTIVITÉS :

● Une foule de questions !

Sur une colonne faites la liste de toutes les questions contenues dans le texte. En face, vous écrirez le nom de la personne à qui la question est adressée.

Dans le roman, le mari s'appelle Philippe et sa femme, Céline.

Exemple :  …ne peux-tu pas faire…?  Céline

● Le dialogue entre Philippe et Céline est intégré au monologue intérieur de Céline. Amusez-vous à le placer en temps réel, comme pour un scénario de film. Attention ! pour les réponses de Céline, vous devrez tenir compte de ce qu'il y a dans son monologue intérieur.

● **«Ça t'avance à quoi ?... Tu vois bien... C'est brouillard et compagnie... Moi, je veux bien...»**

Avancer, voir, être, vouloir. Vous connaissez ces verbes. Mais, connaissez-vous leur sens dans les expressions suivantes :

– avancer : mon travail n'avance pas – avancez-moi 500 francs – attention à ce que vous avancez ! – là, je trouve qu'il s'avance beaucoup ! – ça ne nous avance pas à grand chose !

– voir : voyons, voyons… – voyons un peu – elle, elle ne peut pas le voir – ah ! il m'en a fait voir ! – c'est important, tu vois – Pierre et Brigitte se voient depuis longtemps

– être : c'est brouillard et compagnie ! : Cette confiture, c'est pur sucre ? – c'est mode… c'est très sport… – tout ça c'est du bla bla bla – ce travail, c'est n'importe quoi !

– vouloir : il vous en veut – ce garçon, il en veut – que voulez-vous ? – sois sérieux une minute, veux-tu !

Utilisez quelques unes de ces expressions oralement dans une conversation téléphonique ou par écrit dans une lettre en imaginant que Céline raconte sa discussion avec Philippe à sa/son meilleur/e ami/e.

●● **«Ça t'avance à quoi cette existence que tu mènes ?... Tu n'as pas envie parfois d'avoir une vie normale ?»**

Imaginez une autre situation. Par exemple, un père qui parle sévèrement à son fils/sa fille après un échec à un examen. Écrivez et jouez ce dialogue.

●●● Vous trouverez p. 120 un passage traitant de la ponctuation. Adoptez, pour le texte de Christiane Rochefort, votre propre système de ponctuation.

Exemple : «Ça n'est pas fait pour avancer ! D'ailleurs, avancer où ?»

– Mange ta soupe !
– Tiens-toi droit !
– Mange lentement !
– Ne mange pas si vite !
– Bois en mangeant !
– Coupe ta viande en petits morceaux !
– Tu ne fais que mordre et avaler !
– Ne joue pas avec ton couteau !
– Ce n'est pas comme ça qu'on tient sa fourchette !
– On ne parle pas à table.
– Finis ton assiette !
– Ne te balance pas sur ta chaise
– Tu ne seras content que lorsque tu auras cassé cette chaise.
– Finis ton pain
– Ne touche pas ta figure avec tes mains sales !
– Mâche !
– Tu t'es lavé les mains ?
– Ne parle pas la bouche pleine !
– Tes mains !
– Ne mets pas les coudes sur la table !
– Ne donne pas des coups de pieds à la table.
– Ramasse ta serviette
– Ne ris pas bêtement
– Ne mange pas tes ongles
– Tu veux que je t'aide ?
– Ne fais pas de bruit en mangeant !
– On croirait que tu le fais exprès
– Tu sortiras de table quand tu auras fini
– Pousse avec ton pain
– Tu vas renverser ton verre
– Essuie ta bouche avant de m'embrasser
– Tu ne t'en iras pas avant d'avoir plié ta serviette

Jean COCTEAU

*À CROQUER OU L'IVRE DE CUISINE*

● Il n'est pas interdit de répondre !

Les apprenants sont invités à écrire chacun une de ces injonctions. On tirera au sort et l'apprenant donnera la réponse qu'il pourrait faire à l'injonction qu'il a tirée. Cet exercice doit respecter le registre de langue (soutenu ou familier) choisi par le professeur.

● Ça tombe comme grêle !

Ordres, réitérations, interdictions, questions, menaces, promesses, constatations moqueuses… Classez chaque ligne du texte dans l'une de ces catégories.

Autres classements possibles : menu – couverts – tenue – gestuelle – habitudes familiales – code des bonnes manières, etc…

●● **«Tu veux que je t'aide ?»**

Quand le mot signifie exactement le contraire de son sens ordinaire. Inventez des phrases qui se termineront par les expressions suivantes :

– c'est du joli !                           – vas-y, continue !
– bravo !                                   – ne te gêne pas !
– un vrai succès !                          – c'est du beau travail !
– tu es content de toi !                    – tu as gagné !

●●/●●● À la manière de Jean Cocteau, dans une accumulation qui produit un effet comique, écrivez une liste aussi longue que possible des interdictions qui pourraient figurer :

– à l'entrée d'un immeuble
– dans un jardin public
– dans un périmètre particulier : zoo, stade, école, usine, aéroport, etc…

●●● Rédigez de façon aussi humoristique que possible :

– les dix commandements de l'invité idéal
– les sept maximes du parfait conducteur
– les dix articles du «code des grands voyageurs»
– les douze recettes infaillibles pour réussir dans la vie.

●●● La vie sociale impose souvent de nuancer la brutalité de l'impératif. Et c'est tant mieux ! Vous prendrez cinq des injonctions du passage et vous les nuancerez selon votre propre code des bonnes manières.

# Du coq à l'âne

 SPARK      Pourquoi n'écris-tu pas ce que tu rêves ? cela ferait un joli recueil.

FANTASIO      Un sonnet vaut mieux qu'un long poème, et un verre de vin vaut mieux qu'un sonnet. (il boit).

SPARK      Pourquoi ne voyages-tu pas ? va en Italie.

FANTASIO      J'y ai été.

SPARK      Ah bien ! est-ce que tu ne trouves pas ce pays-là beau ?

FANTASIO      Il y a une quantité de mouches grosses comme des hanne-tons qui vous piquent toute la nuit.

SPARK      Va en France.

FANTASIO      Il n'y a pas de bon vin du Rhin à Paris.

SPARK      Va en Angleterre.

FANTASIO      J'y suis. Est-ce que les Anglais ont une patrie ? J'aime autant les voir ici que chez eux.

SPARK      Va donc au diable, alors !

 FANTASIO      Oh ! s'il y avait un diable dans le ciel ! s'il y avait un enfer, comme je me brûlerais la cervelle pour aller voir tout ça ! Quelle misérable chose que l'homme ! ne pas pouvoir seu-lement sauter par sa fenêtre sans se casser les jambes ! être obligé de jouer du violon dix ans pour devenir un musicien passable ! Apprendre pour être peintre, pour être palefre-nier ! Apprendre pour faire une omelette ! Tiens, Spark, il me prend des envies de m'asseoir sur un parapet, de regarder couler la rivière, et de me mettre à compter un, deux, trois, quatre, cinq, six, sept, et ainsi de suite jusqu'au jour de ma mort.

SPARK      Ce que tu dis là ferait rire bien des gens ; moi, cela me fait frémir ; c'est l'histoire du siècle entier.

[…]

FANTASIO, *chantant*

«Tu m'appelles ta vie, appelle-moi ton âme, car l'âme est immortelle et la vie est un jour…» Connais-tu une plus divine romance que celle-là, Spark ? C'est une romance portugaise. Elle ne m'est jamais venue à l'esprit sans me donner envie d'aimer quelqu'un.

SPARK

Qui, par exemple ?

FANTASIO

Qui ? je n'en sais rien ; quelque belle fille toute ronde [...] ; quelque chose de doux comme le vent d'ouest, de pâle comme les rayons de lune ; quelque chose de pensif comme ces petites servantes d'auberge des tableaux flamands qui donnent le coup de l'étrier à un voyageur à larges bottes, droit comme un piquet sur un grand cheval blanc. Quelle belle chose que le coup de l'étrier ! une jeune femme sur le pas de sa porte, le feu allumé qu'on aperçoit au fond de la chambre, le souper préparé, les enfants endormis ; toute la tranquillité de la vie paisible dans un coin du tableau ! et là, l'homme encore haletant, mais ferme sur sa selle, ayant fait vingt lieues, en ayant trente à faire ; une gorgée d'eau-de-vie, et adieu. La nuit est profonde là-bas, le temps menaçant, la forêt dangereuse ; la bonne femme le suit des yeux une minute, puis elle laisse tomber, en retournant à son feu, cette sublime aumône du pauvre : Que Dieu le protège !

Alfred DE MUSSET

*FANTASIO*

● Connaissez-vous l'expression «sauter du coq à l'âne» ? Elle signifie que celui qui parle saute d'un sujet à un autre selon sa fantaisie. Au lieu de suivre un ordre logique, la conversation éclate comme un feu d'artifice !
Trouvez dans le texte de Musset, les mots, les gestes (de Spark ou de Fantasio) qui font sauter ce dialogue du «coq à l'âne».

●● **Quelle misérable chose que l'homme...**
**Quelle belle chose que le coup de l'étrier !**

On choisira un thème unique (la télévision – les voyages organisés – le tennis – les mots croisés, etc.) et on divisera la classe en deux groupes. Le premier écrira six aspects positifs du thème (Quelle belle chose que) et le second six aspects négatifs (Quelle misérable chose que). Chaque groupe développera le thème en adoptant la même technique que l'auteur :

– pour les aspects positifs, des mots, des phrases courtes.
– pour les aspects négatifs, des verbes à l'infinitif.

●● Vous êtes l'animateur d'un jeu télévisé. Sur le plateau, une famille heureuse (mari, femme, enfants, grands-parents). Le père vient de gagner la compétition et vous lui présentez les lots magnifiques qui lui sont destinés. Hélas ! vous êtes tombé sur un gagnant difficile : il a déjà tout ! Et les membres de la famille (les membres de la classe...) interviennent aussi. Inventez les dialogues et jouez-les. Le présentateur aura le mot de la fin : «Alors, donnez-les moi !»

Exemple : Présentateur :
    Bravo, M. Martin, vous avez gagné
    un bateau !

M. Martin :
Merci beaucoup ! mais j'en ai déjà deux, l'un à Cannes et l'autre en Floride...

●●● En vous inspirant de la dernière partie du texte où Fantasio évoque une scène vue dans un «tableau flamand», décrivez une gravure, une peinture, une photo en donnant une vie aux personnages et objets de la composition, en disant les sentiments qu'ils évoquent pour vous.

Exemple : (une photo de vacances) un parasol, un chapeau de paille oublié près d'un château de sable, tes lunettes de soleil sur un livre retourné et Marie qui tend la main vers le cornet de glace, c'est tout le bonheur de ces semaines que nous passions en famille, à la plage quand les enfant étaient petits...

Paul Claudel qui a vécu au Japon y a appris l'art du haïku : poème (de trois lignes généralement) qui doit donner une grande intensité d'évocation par un choix très juste des mots. Ici, tout le Japon dans une goutte d'eau, un pin, une fleur, la mer... La séquence de ces courts poèmes ressemble à un éventail que l'on déplie.

## Phrases pour éventails

La
goutte
d'
eau

sent
que toute la mer
est occupée
à
La solliciter

Un
pin
la
mer
il
a
plu

Loin
de tout regard humain
la mer
est occupée
à faire le siège d'
une goutte
d'
eau

Cette
fleur
jaune
et
blanche

comme
un
mélange
de feu et de
lumière

Le
Japon

comme un long
Kotô
tout entier
a frémi sous le doigt
du Soleil Levant

Paul CLAUDEL

*CENT PHRASES POUR ÉVENTAILS*

## A CTIVITÉS :

- Un agenda avec des haïkus ! Les jours de la semaine ou les mois de l'année, vous les caractériserez en trois lignes.

- Le haïku-calligramme ! un haïku en fleur, deux en papillon, trois en cerf-volant, dix en accordéon... Vous trouverez beaucoup d'autres idées... Dessinez et écrivez.

- Faites des haïkus avec le calligramme d'Apollinaire et des calligrammes avec les haïkus de Claudel.

Calligramme : poème où l'arrangement des mots sur la page donne une figuration du thème.
Ici : la pluie, les rayons de soleil, les lignes du front, les armes, etc.

| | | | | | | |
|---|---|---|---|---|---|---|
| il | mon | il | il | ô | cou | é |
| pleut | cœur | pleut | pleut | pluie | ron | cla |
| len | se | la | et | ô | ne | tez |
| te | fend | por | moi | bel | mes | fan |
| ment | en | te | je | le | a | fa |
| il | pen | Au | pleu | pluie | mis | res |
| fait | sant | gus | re | d'a | vain | au |
| froid | à | te | sur | cier | queurs | beau |
| Des | mes | ou | mes | change | et | so |
| ra | a | vre | a | toi | chan | leil |
| fa | mis | la | mis | en | ge | vic |
| les | qui | bou | que | cou | toi | to |
| pas | souf | che | la | ron | ô | ri |
| sent | frent | com | pluie | ne | pluie | eux |
| ve | pour | me | en | in | de | que |
| nant | hâ | pour | chaî | fi | fer | de |
| des | ter | le | ne | nie | en | vien |
| Cé | la | der | à | pour | ray | dra |
| ven | vic | nier | l'in | mes | ons | la |
| nes | toi | sou | fi | a | d'or | tris |
| | re | pir | ni | mis | | te |
| | | | | | | pluie |

Guillaume APOLLINAIRE

*POÈME ÉPISTOLAIRES*

**A**CTIVITÉS :

● À partir d'une impression visuelle de votre choix (arbre, gratte-ciel, piste d'aéroport, silhouette...), composez votre calligramme.

●● En reliant mots et syllabes du calligramme d'Apollinaire, essayez de composer quelques phrases. Vous pouvez changer l'orthographe mais pas le son :

Exemple : Le vin (vain) fait rayonner (rayons-né) mon cœur.

# La vie et rien d'autre

J'étais assise, encore au Luxembourg, sur un banc du jardin anglais, entre mon père et la jeune femme qui m'avait fait danser dans la grande chambre claire de la rue Boissonade. Il y avait, posé sur le banc entre nous ou sur les genoux de l'un d'eux, un gros livre relié... il me semble que c'étaient les Contes d'Andersen.

Je venais d'en écouter un passage... je regardais les espaliers en fleurs le long du petit mur de briques roses, les arbres fleuris, la pelouse d'un vert étincelant jonchée de pâquerettes, de pétales blancs et roses, le ciel, bien sûr, était bleu, et l'air semblait vibrer légèrement... et à ce moment-là, c'est venu... quelque chose d'unique... qui ne reviendra plus jamais de cette façon, une sensation d'une telle violence qu'encore maintenant, après tant de temps écoulé, quand, amoindrie, en partie effacée elle me revient, j'éprouve... mais quoi ? quel mot peut s'en saisir ? pas le mot à tout dire : «bonheur», qui se présente le premier, non, pas lui... «félicité», «exaltation», sont trop laids, qu'ils n'y touchent pas... et «extase»... comme devant ce mot ce qui est là se rétracte... «Joie», oui, peut-être... ce petit mot modeste, tout simple peut effleurer sans grand danger... mais il n'est pas capable de recueillir ce qui m'emplit, me déborde, s'épand, va se perdre, se fondre dans les briques roses, les espaliers en fleurs, la pelouse, les pétales roses et blancs, l'air qui vibre parcouru de tremblements à peine perceptibles, d'ondes... des ondes de vie, de vie tout court, quel autre mot ?... de vie à l'état pur, aucune menace sur elle, aucun mélange, elle atteint tout à coup l'intensité la plus grande qu'elle puisse jamais atteindre... jamais plus cette sorte d'intensité-là, pour rien, parce que c'est là, parce que je suis dans cela, dans le petit mur rose, les fleurs des espaliers, des arbres, la pelouse, l'air qui vibre... je suis en eux sans rien de plus, rien qui ne soit à eux, rien à moi.

Nathalie SARRAUTE

*ENFANCE*

● **«Et à ce moment-là, c'est venu,… une sensation d'une telle violence…»**

Coup de foudre ou coup de colère, éblouissement ou indignation ! Écrivez les circons-tances banales, ou non, qui ont précédé une sensation violente. Si vous introduisez – comme Nathalie Sarraute – des événements, des souvenirs antérieurs, attention aux temps des verbes !
Vous terminerez votre récit par la phrase de l'auteur donnée ci-dessus.

● Essayez de diviser le passage en trois parties. En agençant ces parties différemment, don-nez à ce texte une composition, un rythme qui soient votre composition, votre rythme.

●● **«…j'éprouve… mais quoi ? quel mot pour s'en saisir… pas le mot à tout dire»**

L'auteur cherche un mot pour définir sa sensation. Ce mot, elle ne l'a pas «sur le bout de la langue», non ! elle le choisit avec soin, ce sera le mot juste !
Faites la liste de tous les mots qu'elle propose et des raisons qu'elle donne pour les refu-ser. Et même quand le mot juste lui vient, pourquoi lui semble-t-il encore insuffisant ?

À votre tour d'hésiter, de choisir au moment d'exprimer :

– de l'admiration        – de l'amour
– de la peur              – de la colère

Faites-le en quelques phrases où vous direz pourquoi vous refusez tel ou tel mot avant de trouver celui qui vous convient tout à fait ou à moitié.

●●● **«J'étais assise… entre mon père et la jeune femme…»**

La petite fille qui éprouve une violente sensation de «vie à l'état pur», tente d'expliquer son émotion à son père ou à la jeune femme. Parlez ou écrivez à sa place et inventez une réponse de la part des deux adultes qui l'écoutent.

●●● **«…des ondes de vie, de vie tout court, …elle atteint l'intensité la plus grande qu'elle puisse jamais atteindre»**

Musique, paysage, exploit, preuve de courage, acte d'amour ou d'amitié ? Quel est le moment où, pour vous, la vie a «l'intensité la plus grande». Dites-le en un récit en trois parties et en cherchant les mots les plus justes.

# C'était bon, c'était magnifique

Au premier plan, devant Fintan, les arbres se découpaient sur la lumière du ciel. La terre craquelée attendait l'orage. Fintan pensait qu'il connaissait chaque arbre au bord du fleuve, le grand manguier au feuillage en boule, les arbustes épineux, les panaches gris des palmiers inclinés par le vent du nord. Sur les terres pelées, devant les maisons, les enfants jouaient.

Soudain, l'orage fut sur le fleuve. Le rideau de la pluie recouvrit Onitsha. Les premières gouttes frappèrent le sol en crépitant, soulevant des nuages de poussière âcre, arrachant les feuilles des arbres. Elles griffèrent le visage de Fintan, en un instant il fut trempé.

En bas, les enfants qui s'étaient cachés reparurent, criant et courant à travers les champs. Fintan sentit un bonheur sans limites. Il fit comme les enfants. Il ôta ses habits, et vêtu seulement de son caleçon, il se mit à courir sous les coups de la pluie, le visage tourné vers le ciel. Jamais il ne s'était senti aussi libre, aussi vivant. Il courait. Il criait : Ozoo ! Ozoo ! Les enfants nus, brillants sous la pluie, couraient avec lui. Ils répondaient : Oso ! Oso ! Cours ! L'eau coulait dans sa bouche, dans ses yeux, si abondante qu'il suffoquait. Mais c'était bon, c'était magnifique.

La pluie ruisselait sur la terre, couleur de sang, emportant tout avec elle, les feuilles et les branches des arbres, les détritus, même des chaussures perdues. À travers le rideau de gouttes, Fintan voyait l'eau du fleuve immense et gonflée. Jamais il n'avait été aussi proche de la pluie, aussi plein de l'odeur et du bruit de la pluie, plein du vent froid de la pluie.

Jean-Marie Gustave Le Clézio
*Onitsha*

● **«Fintan pensait qu'il connaissait chaque arbre…»**

Le plaisir d'énumérer, de faire l'inventaire, de passer en revue des éléments de même espèce, ou, au contraire, hétéroclites. Amusez-vous à énumérer (en les qualifiant et en une seule phrase) les objets ou les personnages rassemblés dans :

– une photo de mariage
– un sac de sport
– un frigidaire

– un tiroir de bureau
– un magasin de brocante
– un hall d'aéroport

● Vous avez lu le livre… Vous aimerez le film !

Assistant-réalisateur sur le tournage du film, vous êtes chargé de l'adaptation de ce passage : découpage en plans et contenu image de ces plans – bande-son (bruitage et musique) – voix-off (pour remplacer les dialogues).

En vrai professionnel, vous préparez votre scénarimage (storyboard) :

| Plan | Contenu | Bande-son | | |
|------|---------|-----------|--------|---------|
| n° | Image | Bruitage | Musique | Voix-off |

●● Le roman de Le Clézio se passe en Afrique et le passage décrit le début de la saison des pluies. En suivant le modèle (et les temps) des deux premiers paragraphes, décrivez, à votre tour, un bouleversement climatique ou une catastrophe naturelle : tempête de sable sur Paris, vague de chaleur au Labrador, raz-de-marée à New York, etc.
Règle d'or : le second paragraphe doit commencer par **soudain.**

●● **«…c'était bon, c'était magnifique.»**

Exprimer la joie, l'enthousiasme, l'exaltation…
Critique de cinéma, de théâtre, de gastronomie, de jazz, de sport vous terminerez par cette double exclamation le compte rendu d'un événement qui vous a emballé/e…

●●● **«Jamais il ne s'était senti aussi libre…»**

Trouver les mots qui décrivent le bonheur de la liberté !

– vous vous étiez cassé la jambe. Le chirurgien vous dit : «On vous enlève votre plâtre demain».
– après trois mois d'entraînement, vous effectuez votre premier saut en parachute.
– vous vous réveillez d'un horrible cauchemar «J'ai cru devenir fou enfermé la nuit dans le métro !».

Si vous manquez d'idées pour vous exprimer, lisez (ou relisez) le texte de Nathalie Sarraute, p. 71 et transposez ce qu'elle dit d'«un moment de vie» en «moment de liberté».

# Les trois tasses de thé

### 1

J'étais seul. – Elle était au bal, hier soir, dans sa robe couleur de lune. Cœur fidèle, j'en suis sûr, dans son jupon changeant ! Et je pensais au jupon d'opale, en regardant l'or pâle du thé qui, léger et brûlant, tombait dans ma tasse, – brûlant et léger comme un premier amour !

### 2

Et c'était de l'ambre, et non de l'or, tant cet or liquide était pâle, et voilà pourquoi, visionnaire d'amour, j'y voyais flotter un reflet de la jupe aux teintes incertaines, lorsque, bientôt, il se fonça, le clair breuvage, et, plus brûlant, passa de l'or pur au rouge éclatant dans le Sèvres diaphane – rouge comme le sang d'un homme [...] dans la blessure d'un second amour !

### 3

Mais ce fut à la troisième fois qu'il se fonça plus âprement encore, ruisse-la plus lentement dans le calice de porcelaine, – épais, noir et fumant [...]. Alors, plus d'or, plus de lumière ! plus de vermillon ! mais la pourpre sombre, profonde et amère, – la veine vidée jusqu'au fond, toute la vie ! toute l'âme ! tout le cœur brûlé [...] dans l'inextinguible brasier d'un dernier amour !

### 4

Et, le croiras-tu ?... Oui ! tu le croiras. Cette sombre couleur – si loin, si loin des teintes pâles du matin miroitant et lutinant de la jupe d'opale, – était celle-là pourtant qui me rappelait le plus la chaste robe de l'ange vêtu de rayons qui a pris ma vie sur ses deux ailes et l'a emportée dans son ciel !

Jules Barbey d'Aurevilly

*RYTHMES OUBLIÉS*

- **«J'étais seul. – Elle était au bal…»**

  En vous inspirant du premier paragraphe (une solitude soudaine… une boisson réconfortante… une pensée qui vient) écrivez un texte court sur l'un des motifs suivants :

  1. La famille est partie en vacances – ouf ! – dans la cuisine, Jean-Pierre le fils aîné s'offre une petite bière.

  2. Les invités s'en vont – le mariage de Monique et Frédéric s'est bien passé – les parents de Monique débouchent la dernière bouteille de champagne.

  3. On s'installe dans un nouvel appartement – les déménageurs ont fini – si on se faisait un petit café ?

- Dans tout ce passage, il y a une correspondance entre couleur et sentiment. Trouvez les mots qui indiquent cette correspondance :

  |  | Couleur | Sentiment |
  |---|---|---|
  | Exemple : | opale/or pâle | amour heureux/premier amour |

- Mystère ! Mystère !

  Qui sont ces personnages ? Époux ou amants ? Quel âge ont-ils ? Pourquoi la femme est-elle sortie seule ? Ont-ils eu une dispute ? Vont-ils se séparer ? Qui est le «tu» du dernier paragraphe ?
  Selon les réponses que vous trouverez à ces questions, rédigez le dernier paragraphe à votre fantaisie et donnez à l'histoire sa conclusion.

- Barbey d'Aurevilly évoque en trois temps (comme une valse !) un souvenir rythmé par des changements de couleurs. Sur ce modèle, écrivez un passage où l'action progressera en passant d'une couleur à une autre :

  Exemple : Bleu, blanc, rouge        une promenade dans les rues de Paris.

- La vie «en rose»… la planète «verte»…

  Dites ce qu'évoquent pour vous ces expressions «colorées» :

  la langue verte – le grand bleu – une zone rouge – le mois du blanc – la ligne jaune – la carte vermeille – vivre dans la pourpre – une peur bleue – rire jaune – être chocolat – le trou noir – la lune rousse.

## ●● «Et le croiras-tu ?... Oui, tu le croiras...»

Le jeu de l'histoire incroyable : On divise la classe en groupe de six apprenants. Le professeur écrit au tableau la première et la dernière phrase d'un texte qui aura en tout huit lignes. Chaque apprenant imaginera (pour continuer la première phrase) une ligne introduisant un fait incroyable et passera sa feuille à son voisin. Bien sûr, les rédacteurs tiendront compte du sens de la dernière phrase. On obtiendra ainsi six histoires différentes à lire à haute voix.

Exemple : (au tableau)    Hier soir, j'ai eu un coup de fil

                                 – c'était Napoléon
                                 – il m'invitait à aller manger une pizza
                                 etc...

(au tableau)    – on a décidé d'aller en vacances en Corse.

## ●● 

Essayez de mettre tout le texte au présent. Attention, il y aura des mots à supprimer, des temps de verbe à changer. Mais c'est possible.

## ●●● 

Dans ce passage, les trois premières parties du texte correspondent à trois tasses de thé. Imaginez que la conclusion de l'auteur soit différente. C'est – par exemple – le souvenir de la couleur ambre qui est le plus fort. Récrivez le dernier paragraphe, la dernière tasse...

## Le souvenir vague

 Nous étions, ce soir-là, sous un chêne superbe
(Un chêne qui n'était peut-être qu'un tilleul)
Et j'avais, pour me mettre à genoux dans l'herbe,
Laissé mon rocking-chair se balancer tout seul.

Blonde comme on ne l'est que dans les magazines,
Vous imprimiez au vôtre un rythme de canot ;
Un bouvreuil sifflotait dans les branches voisines
(Un bouvreuil qui n'était peut-être qu'un linot).

D'un orchestre lointain arrivait un andante
(Andante qui n'était peut-être qu'un flon-flon),
Et le grand geste vert d'une branche pendante
Semblait, dans l'air du soir, jouer du violon.
[ ... ]
L'ombre nous fit glisser aux pires confidences,
Et dans votre grand œil, plus tendre et plus hagard,
J'apercevais une âme aux profondes nuances
(Une âme qui n'était peut-être qu'un regard).

Edmond ROSTAND

*POÈMES*

●● Tout ça n'est pas très clair !

Flou, vague, incertain, indéfini, confus, embrouillé, pas net, indécis, imprécis, indéterminé, approximatif, trouble, fumeux, incohérent, etc., etc.

Avec ces adjectifs – mais aussi en utilisant des verbes à la forme négative – dites votre perplexité, votre ignorance dans les situations suivantes :

– À l'aéroport, le haut-parleur grésille… Dans la salle d'attente, votre voisin vous demande : «C'est notre vol qu'on annonce ?»
– La voiture qui a filé après l'accident, vous pourriez la décrire ?
– Tu y as compris quelque chose toi, au discours du Directeur ?

●● Le professeur choisira quelques documents ou objets très usuels ou d'une grande banalité : ticket de métro ou billet de loterie, pièce de monnaie, timbre-poste et demandera aux apprenants d'en rédiger de mémoire une brève description. Puis, il fera circuler le document ou l'objet et demandera une description où toutes les imprécisions de la première production seront corrigées avec le plus grand souci du détail. On peut également pratiquer cette activité à partir d'une photo, reproduction de tableau ou même d'un souvenir commun à la classe : «Comment s'est déroulée votre dernière classe de français ?»

●● Une histoire de fantôme…

ou d'apparition, ou de sorcellerie ou un événement mystérieux que vous allez écrire en mettant l'accent sur tous les éléments fantastiques, sur l'inexplicable.

Exemple : hier soir, quand je suis rentré dans ma chambre, un jeune homme était assis à mon bureau. Non, pas un jeune homme, une forme imprécise en habit noir. Le visage était flou mais le regard me perçait…

Vous pouvez baser votre histoire sur les épisodes suivants : le passage d'une soucoupe volante – le monstre du Loch Ness – l'auberge hantée, etc.

●●● La jeune fille blonde du poème se souvient, elle aussi, vaguement de ce garçon qui – il y a bien longtemps ! – lui avait fait la cour, un soir dans un jardin… Elle évoque à la manière d'Edmond Rostand :

– un dîner aux chandelles qui aurait été très romantique si…
– un week-end merveilleux au bord de la mer jusqu'au moment où…
– «il m'avait promis de m'aimer pour la vie et une semaine plus tard…»

●●● **«L'ombre nous fit glisser aux pires confidences»**

Il y a dans le texte de nombreuses notes d'humour. On est très loin du ton grave et passionné du passage de Barbey d'Aurevilly en p. 75. À vous de mettre en dialogue ces fameuses confidences d'un soir.

# Je te l'ai dit cent fois !

 – Veux-tu lire ce qu'il y a d'écrit au-dessus de ta partition ? demanda la dame.

– Moderato cantabile, dit l'enfant.

La dame ponctua cette réponse d'un coup de crayon sur le clavier.

L'enfant resta immobile, la tête tournée vers sa partition.

– Et qu'est-ce que ça veut dire, moderato cantabile ?

[…]

L'enfant ne répondit pas. La dame poussa un cri d'impuissance étouffé, tout en frappant de nouveau le clavier de son crayon. Pas un cil de l'enfant ne bougea. La dame se retourna.

– Madame Desbaresdes, quelle tête vous avez là, dit-elle.

Anne Desbaresdes soupira une nouvelle fois.

– À qui le dites-vous, dit-elle.

L'enfant, immobile, les yeux baissés, fut seul à se souvenir que le soir venait d'éclater. Il en frémit.

– Je te l'ai dit la dernière fois, je te l'ai dit l'avant-dernière fois, je te l'ai dit cent fois, tu es sûr de ne pas le savoir ?

L'enfant ne jugea pas bon de répondre. La dame reconsidéra une nouvelle fois l'objet qui était devant elle. Sa fureur augmenta.

– Ça recommence, dit tout bas Anne Desbaresdes.

– Ce qu'il y a, continua la dame, ce qu'il y a, c'est que tu ne veux pas le dire.

Anne Desbaresdes aussi reconsidéra cet enfant de ses pieds jusqu'à sa tête mais d'une autre façon que la dame.

– Tu vas le dire tout de suite, hurla la dame.

L'enfant ne témoigna aucune surprise. Il ne répondit toujours pas. Alors la dame frappa une troisième fois sur le clavier, mais si fort que le crayon se cassa. Tout à côté des mains de l'enfant. Celles-ci étaient à peine écloses, rondes, laiteuses encore. Fermées sur elles-mêmes, elles ne bougèrent pas.

– C'est un enfant difficile, osa dire Anne Desbaresdes, non sans une certaine timidité.

L'enfant tourna la tête vers cette voix, vers elle, vite, le temps de s'assurer de son existence, puis il reprit sa pose d'objet, face à la partition. Ses mains restèrent fermées.

Marguerite DURAS

*MODERATO CANTABILE*

●● Vrai ou faux :

– Anne Desbaresdes a posé un objet sur le piano
– Le petit garçon refuse de jouer le morceau de musique choisi par le professeur
– Il voudrait sortir pour aller jouer
– Le professeur reproche à la mère d'avoir un enfant aussi mal élevé
– La mère n'est pas surprise par le comportement de l'enfant
– Dans son énervement, la dame casse son crayon
– Le petit garçon sursaute lorsqu'il entend la voix de sa mère
– Anne Desbaresdes soupire plusieurs fois
– L'élève refuse de répondre parce qu'il n'aime pas son professeur
– La mère est trop timide pour prendre la défense de son enfant
– Le petit garçon serre les poings pour ne pas se mettre à pleurer

●● Dans ce passage, l'enfant est – par deux fois – comparé à un «objet». Relevez les mots et les phrases qui justifient cette comparaison. Trouvez la seule phrase où le petit garçon montre son émotion.

●● **«Tu vas le dire tout de suite, hurla la dame»**

Imaginez qu'à ce point du passage l'enfant réponde enfin et donnez au texte une nouvelle conclusion (triomphe du professeur – soulagement de la mère – impatience de l'élève à terminer cette pénible leçon etc.)

●● Ou bien encore, supposez qu'à ce même point la mère se fâche contre le professeur de piano et lui annonce que l'enfant ne viendra plus prendre de leçons chez elle. «À ce moment, la mère cria : En voilà assez»… etc.

●● Quand la colère monte…

Rien de plus difficile que d'être en colère dans une langue étrangère ! Pourtant, il y a des moments où trop c'est trop ! Encore faut-il trouver les mots pour le dire … C'est ce que vous allez faire en vous inspirant des situations suivantes pour écrire une scène en vue de la jouer en classe :

Monologues :
– Après une soirée très réussie, Yves et Véronique remettent de l'ordre dans l'appartement. En sortant l'aspirateur, Yves renverse le plateau de verres…
Véronique : «Tu aurais mieux fait d'aller te coucher !»
– Le garagiste vous avait promis que la voiture serait prête ce matin à 9 h. Quand vous arrivez, la réparation n'est pas encore commencée…
Vous : «C'est trop fort !…»

Dialogues :

– Bernadette a décidé de changer la couleur de ses cheveux. Pierre le coiffeur lui a dit :
  «Vous verrez, ça sera très bien ! Horreur !» la teinture est ratée…
  Bernadette : «Mais je ne peux pas sortir avec une tête comme ça…»

– Deux places gratuites à l'opéra ! Une aubaine ! À la dernière minute, alors que Sylvie
  est déjà en grande tenue, Charles annonce :
  «Décidément, je n'ai pas envie de sortir»
  Sylvie : «Tu ne pouvais pas le dire plus tôt…»

●●● **«…quelle tête vous avez là, dit-elle»**

Justement voici des expressions à garder en tête :
– une bonne tête – une mauvaise tête – une tête à claque – une tête folle – une tête
  brûlée – une forte tête…
– faire la tête – faire une drôle de tête – faire un coup de tête – se payer la tête des gens…
– être tête en l'air – être une tête de mule/de pioche/de cochon – être une tête de linotte…
– garder la tête sur les épaules/ la tête froide
– être tombée sur la tête
– avoir une grosse tête

Parmi toutes ces expressions, laquelle/lesquelles conviendrait/ent pour caractériser les
trois personnages du texte.

●●● **«L'enfant… fut le seul à se souvenir que le soir venait d'éclater. Il en frémit»**

Phrase mystérieuse ! Cherchez une raison à ce brusque – cet unique – instant qui révèle
quelque chose sur l'enfant. Expliquez-la en un court paragraphe.

●●● Des mots pour dire le silence le plus obstiné

Décrivez en quelques lignes une scène (gestes/attitude/atmosphère) que l'absence de
toute parole rend plus forte :
– une mère veille son enfant malade
– un acteur fait son entrée au début de la pièce
– seul, sur une plage, la nuit
– à la discothèque, la musique s'arrête soudain

●●● Le silence est porteur d'un sens à déchiffrer

Voici un passage du roman de Vercors *Le silence de la mer*. Comparez-le au texte de Marguerite Duras. Le sujet est-il identique ? La technique du récit est-elle la même ? Résumez et mettez en parallèle les impressions que chaque auteur a voulu donner aux lecteurs.

L'officier à la porte dit : «S'il vous plaît». Sa tête fit un petit salut. Il sembla mesurer le silence. Puis il entra. [...]

Le silence se prolongeait. Il devenait de plus en plus épais, comme le brouillard du matin. Épais et immobile. L'immobilité de ma nièce, la mienne aussi sans doute, alourdissaient ce silence, le rendaient de plomb. L'officier lui-même, désorienté, restait immobile, jusqu'à ce qu'enfin je visse naître un sourire sur ses lèvres. Son sourire était grave et sans nulle trace d'ironie. Il ébaucha un geste de la main dont la signification m'échappa. Ses yeux se posèrent sur ma nièce, toujours raide et droite [...]. Il détourna enfin les yeux et regarda le feu dans la cheminée et dit : «J'éprouve un grand estime pour les personnes qui aiment leur patrie».

NB. Il y a un détail qui montre que l'officier est un étranger. Lequel ?

# Tourner autour du mot

«Prenez un mot, prenez-en deux...» dit Queneau. Surtout, prenez le bon ! Vous avez pour cela une vraie mine d'or : le dictionnaire.

Destinés à éveiller le plaisir de la lecture, les passages de cette unité éclatent de sonorités ou jouent en sourdine sur la magie du sens deviné.

Avec Tardieu, Blondin, Samain, ou Saint-Amant, vous découvrirez la musique des mots, leurs rythmes cadencés ou syncopés. Inspirés par ces grandes partitions, vous serez tentés de faire vos gammes !

[...]

Déçu, désarçonné mais dévoré par le désir de dire, comme si dire les choses était les diriger, disons du moins : les dominer. Dur ou doux, ce qui se doit avant tout, c'est dire différent : décalé, décanté, distant. d'où - que l'on n'en doute pas - mon langage d'ici, où les jeux phoniques ont pour rôle essentiel - eau, sel, sang, ciel - non d'ajouter à la teneur du texte une forme inédite de tralala allègre ou tradéridéra déridant, mais d'introduire [...] une dissonance détournant le discours de son cours qui, trop liquide et trop droit dessiné, ne serait qu'un délayeur ou défibreur d'idées.

[...]

**Michel Leiris**

*Langage Tangage*
*ou ce que les mots me disent*

# Le repas préparé

Ma fille, lève-toi ; dépose-là ta laine,
Le maître va rentrer ; sur la table de chêne,
Que recouvre la nappe aux plis étincelants,
Mets la faïence claire et les verres brillants.
Dans la coupe arrondie à l'anse au col de cygne
Pose les fruits choisis sur des feuilles de vigne :
Les pêches qu'un velours fragile couvre encor,
Et les lourds raisins bleus mêlés aux raisins d'or.
Que le pain bien coupé remplisse les corbeilles ;
Et puis ferme la porte, et chasse les abeilles.
Dehors, le soleil brûle et la muraille cuit ;
Rapprochons les volets ; faisons presque la nuit,
Afin qu'ainsi la salle, aux ténèbres plongée,
S'embaume toute aux fruits dont la table est chargée.
Maintenant va chercher l'eau fraîche dans la cour
Et veille que surtout la cruche, à ton retour,
Garde longtemps, glacée et lentement fondue,
Une vapeur légère à ses flancs suspendue.

Albert SAMAIN
*AUX FLANCS DU VASE*

● Lire entre les lignes...

On peut procéder par questions/réponses ; les réponses doivent s'appuyer à la fois sur le contenu du texte et sur l'interprétation personnelle des apprenants qui formuleront des hypothèses :

La maison : en ville ou à la campagne ? avec cour, jardin potager, verger ? maison isolée ou maison de village ? apparence extérieure ?

La saison, l'heure du jour : été ou automne ? déjeuner, dîner, collation ?

Le pays, la région : lumière ? importance de l'eau fraîche ? choix des fruits ? la laine ?

Les personnages : qui parle ? «ma fille» : fille ou «servante» ? le «maître» ? rapports possibles entre l'homme, la personne qui parle et la jeune fille ?

L'intérieur : salon, cuisine, salle à manger ? porte donnant sur l'extérieur ou sur l'intérieur ? les volets (intérieurs ou extérieurs) ? le mobilier ? l'éclairage et ses changements, les odeurs ?

Le repas : la décoration de la table ? surface, formes, matière, couleurs, harmonie entre matières et couleurs ? ambiance ?

Les gestes quotidiens d'un cérémonial : ce cérémonial connu (de la femme) est-il nouveau pour la jeune fille ? pourquoi ?

● Si vous avez répondu à toutes ces questions, vous avez compris qu'un repas est un moment où s'exprime la culture d'une famille, d'une région, d'un pays.
Oralement ou par écrit, essayez, en changeant les éléments de cette scène, de transposer ce repas dans une autre culture.

● **«Le maître va rentrer...»**

Il y a des moments où la vie s'accélère... Il faut en même temps agir et penser. Choisissez un scénario dans la liste suivante et rédigez le film de vos pensées tandis que vous vous activez en préparatifs. Pour un paragraphe, vous n'avez droit qu'à deux verbes à l'impératif !

1. Votre mère a été absente trois jours. L'état de la cuisine vous fait carrément honte !
2. À la veille d'un examen, vous décidez que personne ne vous dérangera dans vos dernières révisions.
3. Vous aviez promis d'aller chercher un/e ami/e à l'aéroport et, au moment de partir, la voiture refuse de démarrer !

●●● Ce poème évoque un genre pictural : la nature morte. Essayez de trouver quelques reproductions de tableaux et de vous mettre à la place d'un critique d'art qui doit écrire un compte-rendu pour une revue et consacre tout son article à louer ou à «démolir» le sujet que vous avez choisi. Si vous êtes vraiment très fort, vous pouvez partir d'une «idée» de tableau sans vous baser sur une reproduction.

# Rivales

 – C'est toi, n'est-ce-pas ? Tu l'as jetée ?...
Elle mit, d'un mouvement prompt, le lit entre elle et lui, mais ne nia point.
Il la regarda fuir avec une sorte de sourire :
– Tu l'as jetée, dit-il rêveur. J'ai bien senti que tu avais tout changé entre nous, tu l'as jetée... elle a cassé ses griffes en s'accrochant au mur...
Il baissa la tête, imagina l'attentat.
– Mais comment l'as-tu jetée ? En la tenant par la peau du cou... En profitant de son sommeil sur le parapet ? Est-ce que tu as longtemps organisé ton coup ? Vous ne vous êtes pas battues, avant ?...
Il releva le front, regarda les mains et les bras de Camille.
– Non, tu n'as pas de marques. Elle t'a bien accusée, quand je t'ai obligée à la toucher... Elle était magnifique...
Son regard, abandonnant Camille, embrassa la nuit, la cendre d'étoiles, les cimes des trois peupliers qu'éclairaient les lumières de la chambre...
– Eh bien, dit-il simplement, je m'en vais.

COLETTE

LA CHATTE

**A** CTIVITÉS :

●● Si vous lisez attentivement ce passage, vous verrez qu'il ressemble à une scène de tribunal. Il y a l'accusateur, l'accusée et même la victime qui a échappé au meurtre.
Comme dans un vrai procès, vous allez établir l'acte d'accusation selon l'ordre chronologique des faits en terminant par le verdict.

Maintenant, essayez de vous mettre à la place de l'accusée et présentez votre défense en donnant argument pour argument.

**Accusation**

Exemple : C'est toi ?

**Défense**

Mais non ! Je viens de rentrer...

●● La chatte sait la vérité. Tapie dans son coin, elle revoit la scène. Donnez-lui la parole.

●●● Dans ce passage, l'accusée ne dit rien. Imaginez une scène semblable où quelqu'un adresse de terribles reproches à une personne qui semble incapable de se défendre autrement que par des attitudes ou des gestes.

Exemple : Cette lettre anonyme, c'est vous qui me l'avez envoyée...

# Il s'appelait Marin Marais

 Un jour, un grand enfant de dix-sept ans, rouge comme la crête d'un vieux coq, vint frapper à leur porte et demanda à Madeleine s'il pouvait solliciter de Monsieur de Sainte Colombe qu'il devînt son maître pour la viole et la composition. Madeleine le trouva très beau et le fit entrer dans la salle. Le jeune homme, la perruque à la main, posa une lettre pliée en deux et cachetée à la cire verte sur la table. Toinette revint avec Sainte Colombe qui s'assit à l'autre extrémité de la table en silence, ne décacheta pas la lettre et fit signe qu'il écoutait. Madeleine, tandis que le garçon parlait, disposait sur la grande table, qui était couverte d'une pièce d'étoffe bleue, une fiasque de vin enveloppée de paille et une assiette en faïence qui contenait des gâteaux.

Il s'appelait Marin Marais. Il était joufflu. Il était né le 31 mai 1656 et, à l'âge de six ans, avait été recruté à cause de sa voix pour appartenir à la maîtrise du roi dans la chantrerie de l'église qui est à la porte du château du Louvre. Pendant neuf ans, il avait porté le surplis, la robe rouge, le bonnet carré noir, couché dans le dortoir du cloître et appris ses lettres, appris à noter, à lire et à jouer de la viole autant qu'il restait de temps disponible, les enfants ne cessant de courir à l'office des matines, aux services chez le roi, aux grands-messes, aux vêpres.

Puis, quand sa voix s'était brisée, il avait été rejeté à la rue ainsi que le contrat de chantrerie le stipulait.

[…] Pour la dernière fois, sous le porche de l'église, il s'était arc-bouté, il avait pesé avec son épaule sur la grande porte de bois doré. Il avait traversé le jardin qui bornait le cloître de Saint-Germain-l'Auxerrois. Il y avait vu des quetsches dans l'herbe. […]

Perruque à la main, il ressentit tout à coup de la honte de ce qu'il venait de dire. Monsieur de Sainte Colombe demeurait le dos tout droit, les traits impénétrables. Madeleine tendit vers l'adolescent une des pâtisseries avec un sourire qui l'encourageait à parler.

[…]

Pour la première leçon, Madeleine prêta sa viole. Marin Marais était encore plus confus et rouge que lorsqu'il était entré dans la maison. Les filles s'assirent plus près, curieuses de voir comment l'ancien enfant de chœur de Saint-Germain-l'Auxerrois jouait. Il s'accoutuma rapidement à la taille de l'instrument, l'accorda, joua une suite de Monsieur Maugars avec beaucoup d'aisance et de virtuosité.

Il regarda ses auditeurs. Les filles baissaient le nez.

Monsieur de Sainte Colombe dit :

«Je ne pense pas que je vais vous admettre parmi mes élèves.»

Un long silence suivit qui fit trembler le visage de l'adolescent. Il cria soudain avec sa voix rauque :

«Au moins, dites-moi pourquoi !

– Vous faites de la musique, Monsieur. Vous n'êtes pas musicien.»

Pascal QUIGNARD

*TOUS LES MATINS DU MONDE*

**A**CTIVITÉS :

- Dans ce récit, il y a plusieurs parties distinctes. Trouvez-les, résumez-les et donnez à chacune un titre.

- Des mots, des expressions que vous ne connaissez pas ?
  C'est le contexte qui va vous aider :
  Exemple : fiasque : c'est une bouteille de vin enveloppée de paille.

  À l'aide des éléments donnés entre parenthèses, essayez de deviner le sens d'autres mots et expressions du texte :

  – perruque : (né en 1656 – le château du Louvre – les services chez le roi)
  – chantrerie : (recruté à cause de sa voix – sa voix s'était brisée – maîtrise du roi)
  – contrat : (recruté – neuf ans – stipulé)
  – solliciter : (rouge – frapper à la porte – lettre pliée en deux)

- Un mot peut avoir plusieurs sens ! Pour comprendre un texte, il faut bien lire la phrase et donner à chaque mot le sens voulu par l'auteur. Recherchez – en vous aidant du dictionnaire – ce que veulent vraiment dire dans ce passage :

  – composition       – suite
  – pièce               – maîtrise
  – noter               – bonnet
  – service             – office
  – ancien              – accorder

- En rassemblant tous les détails donnés par l'auteur, vous pouvez faire deux portraits de Marin Marais :
  1. À 10 ans…
  2. À 17 ans…

- **«Il s'appelait Marin Marais…»**

  Le récit de la vie du jeune musicien est fait sur le mode indirect. Donnez-lui la parole. N'oubliez pas qu'il est jeune, intimidé, qu'il vient solliciter un grand compositeur en présence de deux jeunes filles… Mettez-vous un peu à sa place en le faisant parler. Il commencerait peut-être ainsi : «Pardon, Monsieur, d'être venu frapper à votre porte…»
  ou encore :
  «Voilà, Monsieur, la raison de ma visite…»

●● Monsieur de Sainte Colombe refuse de donner des leçons de musique à Marin Marais en une seule phrase. Expliquez la différence entre : «Vous faites de la musique» et «Vous n'êtes pas musicien».
Essayez d'exprimer le même refus par une autre phrase moins sévère ou plus explicite.

●●● À vous d'imaginer ! Le jeune homme est moins timide ou bien il est révolté par ce verdict qu'il juge injuste. Il ose répondre à Monsieur de Sainte Colombe. Quels arguments va-t-il trouver pour le convaincre ? (études, aptitudes, désir, technique : «il joua avec beaucoup d'aisance et de virtuosité»).

●●● Il y a dans ce texte un élément mystérieux : «une lettre pliée en deux et cachetée à la cire verte».
Cette lettre, Monsieur de Sainte Colombe ne l'ouvre pas. Elle reste posée sur la table. Rédigez cette mystérieuse lettre.

●●● Regards croisés.

Georges de LA TOUR - *LE TRICHEUR À L'AS DE CARREAU* - MUSÉE DU LOUVRE

Dans ce tableau, il y a un sujet : la partie de cartes. Mais la véritable action, il faut la lire dans les regards des personnages.
En travaillant comme le peintre, vous allez prendre les quatre personnages du texte et imaginer ce que disent les regards qu'ils échangent pendant cette scène.

Exemple : Marin regarde Madeleine : «Elle a l'air très gentille… Du vin ! Des gâteaux ! Monsieur de Sainte Colombe est vraiment très intimidant ! S'il me prend comme élève, je pourrai revoir cette fille souvent… Elle est plus jolie que sa sœur…»

# La minute de vérité

ONDINE      (*de la porte où elle est restée immobile*). Comme vous êtes beau !

AUGUSTE      Que dis-tu, petite effrontée ?

ONDINE      Je dis : comme il est beau !

AUGUSTE      C'est notre fille seigneur. Elle n'a pas d'usage.

ONDINE      Je dis que je suis bien heureuse de savoir que les hommes sont aussi beaux [...]

AUGUSTE      Vas-tu te taire !

ONDINE      J'en frissonne !

AUGUSTE      Elle a quinze ans, chevalier. Excusez-la...

ONDINE      Je savais bien qu'il devait y avoir une raison pour être fille. La raison est que les hommes sont aussi beaux...

AUGUSTE      Tu ennuies notre hôte...

ONDINE      Je ne l'ennuie pas du tout... Je lui plais... Vois comme il me regarde... Comment t'appelles-tu ?

AUGUSTE      On ne tutoie pas un seigneur, pauvre enfant !

ONDINE      (*qui s'est approchée*) Qu'il est beau ! Regarde cette oreille, père, c'est un coquillage ! Tu penses que je vais lui dire vous à cette oreille ?... À qui appartiens-tu, petite oreille ?... Comment s'appelle-t-il ?

LE CHEVALIER Il s'appelle Hans... [...]

| | |
|---|---|
| ONDINE | Quel joli nom ! Pourquoi es-tu ici ?… Pour me prendre ?…[…] |
| AUGUSTE | Ç'en est assez… Va dans ta chambre… |
| ONDINE | Prends-moi !… Emporte-moi ! |

*Eugénie, revient avec un plat*

| | |
|---|---|
| EUGÉNIE | Voici votre truite au bleu, seigneur. Mangez-la. Cela vaudra mieux que d'écouter notre folle… |
| ONDINE | Sa truite au bleu ! |
| LE CHEVALIER | Elle est magnifique ! |
| ONDINE | Tu as osé faire une truite au bleu, mère !… |
| EUGÉNIE | Tais-toi. En tout cas, elle est cuite… |
| ONDINE | Ô ma truite chérie, toi qui depuis ta naissance nageais vers l'eau froide ! |
| AUGUSTE | Tu ne vas pas pleurer pour une truite ! |
| ONDINE | Ils se disent mes parents… Et ils t'ont prise… Et ils t'ont jetée vive dans l'eau qui bout ! |
| LE CHEVALIER | C'est moi qui l'ai demandé, petite fille. |

Jean GIRAUDOUX
*ONDINE*

● Avez-vous bien compris ?

 – La scène se passe dans un grand restaurant.
 – Un client a commandé des fruits de mer.
 – Le chevalier Hans trouve Ondine ravissante.
 – Auguste est fier de sa fille.
 – Auguste et Eugénie ne sont pas les vrais parents d'Ondine.
 – Ondine frissonne de peur devant le chevalier.
 – Eugénie a préparé le déjeuner familial.
 – Ondine n'aime pas le poisson.
 – Elle parle à l'oreille du chevalier.
 – Elle lui demande une place de servante au château.

● Rédigez pour un livre de cuisine la recette de la «truite au bleu».

● Toutes les vérités ne sont pas bonnes à dire !

 Au lieu de dire au chevalier «comme vous êtes beau !», Ondine s'écrie : «comme vous êtes laid !». Qu'est ce que cela change ?
 Avec cette nouvelle première phrase, réécrivez le dialogue jusqu'à «…notre hôte».

● À qui, à quoi, Ondine s'adresse-t-elle ? Étudiez toutes les répliques de la jeune fille et déterminez à qui ses paroles sont destinées.

 Exemple : Comme vous êtes beau ⟶ le chevalier

●● Le charme de la scène vient de la naïveté d'Ondine qui ne respecte pas les convenances. Si Ondine était une jeune fille «bien élevée», que penserait-elle tout bas ? Rédigez tout ou partie de ce passage sous forme de monologue intérieur comme dans un roman.

●● Ondine ne raisonne pas. Elle parle sous le coup de l'émotion, d'émotions diverses. Aux émotions d'Ondine répondent celles des trois autres personnages. Essayez de jouer cette scène en classe. Ceux qui ne seront pas acteurs devront décrire les expressions de visage, les gestes qui vont accompagner le dialogue ou conseiller les personnages pour qu'ils arrivent à exprimer physiquement le contenu du passage.

Exemple : comme il est beau !

| | |
|---|---|
| Ondine : | elle sourit ; ses yeux brillent, elle bat des mains... |
| Auguste : | il fronce le sourcil, il se retourne brusquement, il rougit de colère... |
| Le chevalier : | il a l'air étonné, il pâlit, il reste de marbre, il regarde Ondine avec amusement... |

●●● Dans cette scène, il y a une rupture. Le moment où l'attention d'Ondine passe du chevalier à la truite.

Vous écrivez une comédie.
Le lieu :          la salle à manger d'un paquebot de croisière.
Le temps :      l'heure du dîner, atmosphère très mondaine. Autour de la table quatre personnages de votre choix.
Le dialogue :  une conversation courtoise. Soudain, un personnage prononce l'une des phrases suivantes :

– «J'ai envie de vomir !»
– «Mais enfin, arrêtez de me faire du pied !»
– «Vous avez triché au bridge, hier soir !»
– «Qui était cette jeune femme ravissante à qui vous parliez tout à l'heure au bar ?»

À partir de ces phrases, écrivez le dialogue de votre pièce en plaçant quelques répliques avant cette rupture de ton et immédiatement après.

●●● **«On ne tutoie pas un seigneur...»**

Reprenez la scène précédente. Changez le lieu, le temps, les personnages pour utiliser le tutoiement dans les dialogues. Il faudra aussi changer la formulation des phrases de rupture de ton.
Les productions des apprenants seront écrites individuellement ou en groupe, puis jouées devant la classe.

# Une soirée à Saint-Germain-des-Prés

Ce soir-là, qui était celui de Noël, un jeune homme de bonne coupe, affligé d'un strabisme divergent, débauchait une cousine de province à travers les quartiers maudits de la capitale. Bien que son compagnon apportât à l'entreprise la maussaderie supérieure qu'il vouait à toute chose en dehors de l'économie politique, la jeune fille éperdue de vin glacé et de girandoles, sentait le rose des grandes émotions spirituelles assiéger ses pommettes.

À la veille de rentrer dans son village où les indigènes mettaient leurs galoches devant la cheminée pendant toute l'année, cette escapade à Saint-Germain-des-prés lui semblait poser un grain de sel fatal sur la queue de son séjour pour en retenir l'envol, en apprivoiser l'oiseau bleu. Dans le boyau tendu de guirlandes où ils achevaient de souper, des voix obscures lui soufflaient que le meilleur vient à la fin.

Le jeune homme était inspecteur des Finances. Comme tel, il inspectait précisément l'addition qu'une souillon d'opérette venait de griffonner sur un coin de la nappe en papier. Dans le même temps, il aspirait dans son for intérieur à retrouver l'un de ces bivouacs de hauts fonctionnaires qui s'établissent, passé minuit, dans les brasseries où les ministres vont boire, et ne s'apercevait pas que la cousine palpitait contre son flanc à force de gloutonnerie intellectuelle et autre. Soudain, ce brillant économiste releva la tête [...] Depuis le début de la soirée, il s'était appliqué, non sans suffisance, à épingler des noms célèbres sur le tout-venant qui circulait d'une table à l'autre et n'avait pas craint d'abuser la crédulité de sa voisine en confondant allègrement les philosophes et les clarinettistes. Cette fois, l'équivoque n'était plus possible : c'était bien le fameux Merguez qui venait de se frayer un chemin jusqu'au comptoir, superbe comme toujours...

Antoine BLONDIN
*QUAT' SAISONS*

●● Au crayon rouge !

Nous sommes dans un collège en France. Le professeur a lu à la classe le premier paragraphe de ce texte et demandé aux élèves de le réécrire de mémoire dans leur cahier. Ce professeur, c'est vous !
Voici deux copies que vous allez corriger pour vérifier si l'élève a bien compris le contenu du passage :

1. Copie d'Alexandre :
   Le soir de Noël, un jeune Parisien invite sa cousine au restaurant. Le quartier est un peu louche mais la fille est myope et ne s'en aperçoit pas. Elle est éblouie par l'élégance de son compagnon et par ses airs d'intellectuel. Après une ou deux coupes de champagne, elle danse avec lui une girandole passionnée et ses joues sont roses de bonheur.

2. Copie de Delphine :
   À la veille de Noël, un étudiant en économie politique très distingué et portant lunettes invite sa jeune cousine dans un cabaret. Comme c'est leur dernière soirée ensemble, il n'a pas le cœur gai mais la jeune fille ne remarque pas sa tristesse. Elle admire le décor, elle apprécie le bon vin et espère que le cousin va lui déclarer son amour. Elle est si émue qu'elle en rougit déjà.

●● Des repères pour lire la suite du texte

Quelques explications qui vont vous aider :
– À Noël, en France, on met ses souliers devant la cheminée.
– Les Parisiens ont tendance à se considérer «supérieurs» aux gens de province.
– Les jeunes filles romantiques rêvent de l'oiseau bleu.
– Essayer de faire quelque chose d'impossible c'est comme «mettre un grain de sel sur la queue d'un oiseau».
– Une des formes du snobisme parisien consiste à repérer les «célébrités» (artistes, politiciens, écrivains) qui fréquentent certains cafés, restaurants, etc…
– Dans un poème célèbre de Victor Hugo, il y a un vers que tous les Français connaissent : «C'était l'heure tranquille où les lions vont boire».

Et voilà ! Maintenant que vous avez tout compris, imaginez qui est «le fameux Merguez» et écrivez la fin de l'histoire.

●●● Le style de Blondin se caractérise par la verve, l'art d'accumuler les détails cocasses, les clins d'œil, les remarques piquantes. Vous êtes le correspondant permanent à Paris d'un journal de votre pays. La rédaction vous demande un «billet» amusant sur les habitués d'un café parisien. Vous n'avez droit qu'à 60 mots ! Mais l'article paraîtra en première page !

●●● Inversez la situation. La cousine est une élégante parisienne qui invite au restaurant un jeune cousin de province timide et ébloui par cette vie brillante qu'il découvre.
Au téléphone, la parisienne raconte sa soirée à sa meilleure amie, elle aussi très snob.
Par lettre, le jeune homme décrit sa soirée «très parisienne» à sa fiancée restée en province pour passer Noël en famille.

# L _ _ _ _ _ _

Quel doux parfum de musc et d'ambre
Me vient le cerveau réjouir
Et tout le cœur épanouir ?
Ha ! Bon Dieu ! J'en tombe en extase :
Ces belles fleurs qui dans ce vase
Parent le haut du buffet
Feraient-elles bien cet effet ?
A-t-on brûlé de la pastille ?
N'est-ce point ce vin qui pétille
Dans le cristal que l'art humain
A fait pour couronner la main,
Et d'où sort, quand on en veut boire,
Un air de framboise à la gloire
Du bon terroir qui l'a porté
Pour notre éternelle santé ?
Non, ce n'est rien d'entre ces choses,
[...]
Qu'est-ce donc ? Je l'ai découvert
Dans ce panier rempli de vert :
C'est un [...] où la nature,
Par une admirable structure,
A voulu graver à l'entour
Mille plaisants chiffres d'amour...

Saint - AMANT

*LA SUITE DES ŒUVRES*

● Un poème ou une devinette ?

Identifier un objet sans le nommer, par un détail. Pour trouver la solution, un indice, le parfum de cet objet :

– Quel est ce parfum ?
– D'où ce parfum peut-il bien venir ?
– Où se trouve l'objet qui sent si bon ?
– Quel détail peut aider à identifier l'objet ?
– Et l'article (devant le nom caché) ?

Vous n'avez pas trouvé ? Saint Amant qui — décidément adorait le ... — va vous aider dans cet autre passage :

> Ni le cher abricot que j'aime,
> Ni la fraise avecque la crème,
> [...]
> Ni la poire de Tours sacrée,
> Ni la verte figue sucrée,
> Ni la prune au jus délicat,
> Ni même le raisin muscat,
> [...]

Vous avez au moins deviné maintenant que c'est un ...?
Puisque vous connaissez son parfum, relisez le passage qui donne la clé du mystère : le détail.

– Il caractérise le goût ?
– Il caractérise la forme ?
– Il caractérise l'aspect ?

Vous ne trouvez toujours pas ? Retournez la page, on vous donne la réponse. Mais vous avez un gage : il va falloir expliquer et décrire le fameux détail, peut-être même le dessiner !

●● Jeu du portrait-devinette :

En prose, en vers libres, vous ferez, sous forme de devinette, le portrait d'une personne ou d'un objet en n'utilisant que des formes négatives.

●●● Écrit au XVIIᵉ siècle, ce poème comporte un certain nombre de mots et de constructions qui vous semblent peut-être difficiles. Essayez de deviner le sens des mots suivants :
pastille – couronner – terroir – vert – structure –

Puis essayez de donner votre propre version de ce poème en choisissant une autre source d'odeur, par exemple le fumet d'un plat qui vous met en appétit ou, au contraire, une mauvaise odeur qui vous dérange.

Chiffres d'amour : initiales, langage chiffré des amoureux
L'écorce de certains melons paraît brodée ou gravée.

# QU'UN AMI VÉRITABLE EST UNE DOUCE CHOSE...

Jean de La Fontaine

 L'amitié qui parvient à s'interdire les patrouilles malavisées auprès d'autrui, quand l'âme d'autrui a besoin d'absence et de mouvement lointain, est la seule à contenir un germe d'immortalité. C'est elle qui admet sans maléfice l'inexplicable dans les relations humaines, en respecte le malaise passager. Dans la constance des cœurs expérimentés, l'amitié ne fait le guet ni n'inquisitionne. Deux hirondelles, tantôt silencieuses, tantôt loquaces se partagent l'infini du ciel et le même auvent.

René CHAR

*RECHERCHE DE LA BASE ET DU SOMMET*

## Activités :

● Le jeu de l'oie de l'amitié.

À fabriquer : une grande feuille de papier à diviser en 36 cases. Chaque case représentera une des étapes, une des épreuves de l'amitié.
Première case : la rencontre.
Case 36 : «Amis, à la vie à la mort !»
Pour chaque case, on rédigera un texte, une «légende» pour une illustration.

●● «...un germe d'immortalité»

Connaissez-vous ces expressions :
un brin d'émotion – une lueur d'espoir – un éclair de lucidité – un gramme d'humour – un atome de vérité

À votre tour de créer !

1. À partir du mot concret :
   – un zeste de ...
   – une bouffée de ...
   – une pincée de ...
   – une bonne dose de ...

2. À partir du mot abstrait :
   – ... de tendresse
   – ... de panique
   – ... de générosité
   – ... de fureur

●● **«... malavisées ... maléfices ... malaise ...»**

Un préfixe (mal) donne à ces mots un sens négatif.
On divisera la classe en groupes. Dans chaque groupe, les apprenants prendront tour à tour les rôles des pessimistes et des optimistes pour donner leurs réactions aux situations suivantes :

– On va partir en pique-nique. L'orage menace...
– Solange a invité tous ses amis pour son anniversaire. À l'heure dite, ils sont tous là, devant la porte avec fleurs et cadeaux. On sonne, on re-sonne. Pas de réponse !
– Vous êtes en train de repeindre l'appartement. Quatre amis arrivent à l'heure du déjeuner...

●● La définition par «défaut».

«Ce n'est pas..., c'est – Ce n'est ni..., ni..., c'est...»
Avec ce type de définition, écrivez un paragraphe où vous défendrez une idée :
le naturisme – le «droit à la paresse» – l'astrologie – etc...

●● Les mots «amis» et les mots «ennemis».

Trouvez dans le texte les mots utilisés par René Char pour signaler les «ennemis» de l'amitié et ceux qui, au contraire sont des «alliés».
Avec des mots contrastés, donnez une définition de l'espoir – du courage – de la fidélité – de la sérénité.

●●● Dans le passage de René Char, cherchez l'absent !

●●● **«Deux hirondelles...»**

Cette dernière phrase du texte est une métaphore. Quelle autre métaphore pourriez vous inventer pour terminer ce passage ?

●●● Dans les Essais (Livre III, chap. IX), Montaigne écrit en 1588 :

En la vraye amitié, de laquelle je suis expert, je me donne à mon amy plus que je ne tire à moy [...]. Et si l'absence luy est ou plaisante ou utile, elle m'est bien plus douce que sa présence ; et ce n'est pas proprement absence, quand il y a moyen de s'entr'advertir. J'ai tiré autrefois usage de nostre éloignement, et commodité [...]. La séparation du lieu rendoit la conjonction de nostre volontez plus riche. Cette faim insatiable de la présence corporelle accuse un peu la foiblesse en la jouyssance des âmes.

Quatre siècles entre les textes de Montaigne et de René Char. La langue a changé mais la pensée, le style se font écho...
Comparez les deux passages. Notez les mots, les expressions qui marquent des différences ou des rapprochements sur le thème de l'amitié :

René Char        Montaigne

# Pour un art poétique

Prenez un mot prenez-en deux
faites-les cuir' comme des œufs
prenez un petit bout de sens
puis un grand morceau d'innocence
faites chauffer à petit feu
au petit feu de la technique
versez la sauce énigmatique
saupoudrez de quelques étoiles
poivrez et puis mettez les voiles

où voulez-vous donc en venir?
À écrire
Vraiment ? à écrire ??

Raymond QUENEAU

*Le Chien à la Mandoline*

## ACTIVITÉS :

• En respectant le choix des verbes de ce poème et l'ordre suivant lequel ils sont placés,
donnez une recette :

– pour gagner à la loterie
– pour des vacances idéales
– pour dresser votre chien
– pour réussir à un examen

– pour devenir une grande vedette
  de la chanson
– pour être la «fée du logis»/le
  parfait maître de maison

•• En choisissant mots et verbes en toute liberté mais en gardant le format de 12 lignes et la
fin, écrivez une recette pour réussir :

– une chanson
– une comédie musicale
– un western
– une tragédie

– un roman policier
– une lettre d'amour
– une affiche
– un feu d'artifice

••• Avec les mêmes consignes, donnez la recette de l'amour fou.

# Fiel ! mon zébu !

LA BONNE, *annonçant*

Madame la Comtesse de Perleminouze !

MADAME *fermant le piano et allant au-devant de son amie*

Chère, très chère peluche ! Depuis combien de trous, depuis combien de galets, n'avais-je pas eu le mitron de vous sucrer !

MADAME DE PERLEMINOUZE, *très affectée*

Hélas ! Chère ! J'étais moi-même très vitreuse ! Mes trois plus jeunes tourteaux ont eu la citronnade, l'un après l'autre. Pendant tout le début du corsaire, je n'ai fait que nicher des moulins, courir chez le ludion ou chez le tabouret, j'ai passé des puits à surveiller leur carbure, à leur donner des pinces et des moussons. Bref, je n'ai pas eu une minette à moi.

MADAME

Pauvre chère ! Et moi qui ne me grattais de rien !

MADAME DE PERLEMINOUZE

Tant mieux ! Je m'en recuis ! Vous avez bien mérité de vous tartiner, après les gommes que vous avez brûlées ! Poussez donc : depuis le mou du Crapaud jusqu'à la mi-Brioche, on ne vous a vue ni au «Water-Proof», ni sous les alpagas du bois de Migraine ! Il fallait que vous fussiez vraiment gargarisée !

MADAME, *soupirant*

Il est vrai !... Ah ! Quelle céruse. Je ne puis y mouiller sans gravir.

Jean TARDIEU
*UN MOT POUR UN AUTRE*

## **A**CTIVITÉS :

- Vous n'avez rien compris ? Normal ! L'auteur s'est amusé... Il a triché sur les mots !

Pour comprendre ce passage, jouons au détective :

1. L'enquête :
   - le lieu
   - les personnages
   - les rapports entre les personnages
   - les sentiments des personnages

2. De quoi parlent les personnages ?

Pour la première réplique de Madame, voici — dans le désordre — des définitions possibles pour les 5 mots-mystères :

   - activité qui se fait avec les yeux
   - il y en a 52 dans l'année
   - sensation agréable
   - il y en a 12 dans l'année
   - quelqu'un que l'on aime bien

Pour les répliques de Madame de Perleminouze, jouons sur les associations de sons :

puits :     essayez de changer la première consonne
minette : essayez avec une autre voyelle

Toujours en jouant avec les sons, devinez : poussez donc – je m'en recuis.

Et maintenant voici des suggestions de mots qui devraient vous aider à comprendre la phrase «Mes trois plus jeunes... minette à moi» :
grippe – fièvre – hiver – tisane – malade – pharmacien – enfant – soigner – docteur – sirop

Pour la fin du passage, laissez vous guider par le contexte. Attention, il y a des indications de temps et de lieux...

Règle d'or : On peut changer les mots ; On doit, en faisant ces changements, respecter la correction de la grammaire ( genres, nombres, accords, temps des verbes, etc.).

●● Vous avez enfin tout compris ! Vous avez ri ! Bravo ! Alors à votre tour de tricher avec les mots comme Jean Tardieu. Voici un petit dialogue que vous allez transformer à votre fantaisie. On peut rendre le jeu plus difficile, par exemple en prenant des mots qui commencent tous par la même lettre ou qui ont tous plus de trois syllabes, etc., etc.

**Au restaurant**

Le garçon :          Bonsoir Madame, Bonsoir Monsieur, vous avez choisi ?

Monique :          Moi, je commencerais bien par une douzaines
                   d'huîtres… mais le soufflé de crevettes me tente aussi.

Frédéric :          Alors, prends le soufflé ! Je prendrai des huîtres et je t'en donnerai
                   quelques unes.

Le garçon :          Et pour le plat principal ?

Frédéric :          Nous aimons beaucoup le poisson mais je crois qu'ici, la choucroute
                   s'impose… tout le monde dit qu'elle est excellente !

Monique :          Ah non ! Pas de choucroute pour moi… C'est mauvais pour la ligne !

Frédéric :          En effet, c'est pas léger, léger, mais c'est très digeste… Une choucroute
                   pour moi !

Le garçon :          Pour Madame, je peux recommander les filets de daurade grillés. Avec
                   une petite mousseline d'oseille…

Monique :          Bon, la daurade ! Mais tu me laisseras un peu goûter à ta choucroute.
                   Juste une bouchée !

Frédéric :          Mes huîtres ! Ma choucroute ! La ligne, c'est moi qui vais l'avoir !

●●● La classe est divisée en deux groupes. Chaque groupe écrit un dialogue. Puis, on échange les dialogues qui doivent être transformés à la manière de Jean Tardieu avec une règle précise à imposer sur les substitutions de mots.

# Chinoiserie

 Celle que j'aime, à présent, est en Chine ;
Elle demeure avec ses vieux parents,
Dans une tour de porcelaine fine,
Au fleuve jaune, où sont les cormorans.

Elle a des yeux retroussés vers les tempes,
Un pied petit à tenir dans la main,
Le teint plus clair que le cuivre des lampes,
Les ongles longs et rougis de carmin.

Par son treillis, elle passe la tête,
Que l'hirondelle, en volant, vient toucher,
Et, chaque soir, aussi bien qu'un poète,
Chante le saule et la fleur du pêcher.

Théophile GAUTIER
*POÉSIES DIVERSES*

● Les charmes de l'exotisme

Dans ce poème, un décor, un personnage, une musique qui sont «d'ailleurs». Relevez tous les détails qui vous donnent cette impression d'exotisme. Puis, à la manière de Gautier, évoquez — en prose ou en vers — les petits tableaux que vous inspirent, par exemple, les thèmes suivants ou d'autres que vous imaginerez à votre fantaisie :

– un pharaon d'Égypte dans son palais au bord du Nil
– Christophe Colomb à bord de sa caravelle
– une dame d'honneur à la cour du Roi Soleil
– la Belle au Bois Dormant dans son château
– un charmeur de serpents
– un/e pêcheur/euse de perles

● Théophile Gautier aurait voulu être peintre, il adorait les voyages et le merveilleux bric-à-brac qu'on en rapporte et qui, longtemps, après le retour, continue à vous faire rêver. Est-il allé en Chine ? S'est-il contenté de regarder les motifs des porcelaines chinoises ? Vous aussi, voyagez à travers les objets. Que vous suggèrent ceux-ci aperçus dans la vitrine d'un brocanteur :

– une affiche de corrida, un éventail de dentelle
– un plumier de bois, quelques vieux registres
– un blouson d'aviateur, une paire de jumelles
– un chapeau melon, des chaussures usées, une canne
– un petit miroir, un peigne d'argent, un flacon
– un coffret de cuir avec des initiales sur le couvercle
– des colliers de coquillages
– un moulin à café, des casseroles de cuivre

●● Comme Théophile Gautier dans la deuxième strophe du poème, faites en quatre lignes la description d'une personne en prenant quatre traits physiques que vous caractériserez sans utiliser la comparaison amenée par «comme».

●● Dans sa «tour de porcelaine fine», la jolie Chinoise chante une romance ou une ballade célébrant les beautés naturelles de son pays. Il existe certainement dans votre culture, dans votre folklore des chansons semblables. Essayez d'en transcrire une pour la faire connaître à vos amis français. Surtout, ne la traduisez pas mot à mot ! Gardez les images, le rythme. Votre texte doit pouvoir être chanté !

● ● ●  Et si, derrière son «treillis», la jeune Chinoise, au lieu de chanter «le saule et la fleur du pêcher», composait une ballade pour ce voyageur parti si loin ! Qu'écrirait-elle ?

● ● ●  En vous inspirant du sujet suggéré par les silhouettes de cette vignette, écrivez une petite histoire qui devra avoir toutes les qualités du poème de Gautier : précision, couleur, vivacité de l'évocation.

MOZART : *LES GRANDS OPÉRAS*

*SILHOUETTE DE LOTTE REINIGER*

# Suivre le fil

Dans une promenade, le paysage se révèle à mesure qu'on avance. Dans un texte, une histoire se déroule. Au rythme des mots, le sens se construit. Saisissez le fil de la pensée de l'auteur. Entrez dans sa logique ou dans son imaginaire. Partagez son rêve, son humour et ses fantasmes les plus fous et ensuite, vous essaierez de composer des textes pour le plaisir de surprendre. Dans ces textes, on plante le décor, on enchaîne les arguments et les points de vue et, en une phrase ou un court paragraphe, on en tire une conclusion inattendue.

Comme par enchantement, vous allez vous glisser dans l'univers de Voltaire, de Molière, de Gracq ou de Flaubert.

RAOUL DUFY

## *Le Dromadaire*

**Avec ses quatre dromadaires**

**Don Pedro d'Alfaroubeira**

**Courut le monde et l'admira.**

**Il fit ce que je voudrais faire**

**Si j'avais quatre dromadaires.**

**Guillaume APOLLINAIRE**

*Le Bestiaire*

Mon cher Adam, mon gourmand, mon bon père
Que faisais-tu dans le jardin d'Éden ?
Travaillais-tu pour ce sot genre humain ?
Caressais-tu madame Ève ma mère ?
Avouez-moi que vous aviez tous deux
Les ongles longs, un peu noirs, et crasseux,
La chevelure assez mal ordonnée,
Le teint bruni, la peau bise et tannée.
Sans propreté, l'amour le plus heureux
N'est plus amour ; c'est un besoin honteux.
Bientôt lassés de leur belle aventure,
Dessous un chêne, ils soupent galamment
Avec de l'eau, du millet, et du gland ;
Le repas fait, ils dorment sur la dure :
Voilà l'état de la pure nature.
[…]

Moi, je rends grâce à la nature sage,
Qui, pour mon bien, m'a fait naître en cet âge
[…]

J'aime le luxe, et même la mollesse,
Tous les plaisirs, les arts de toute espèce,
La propreté, le goût, les ornements :
Tout honnête homme a de tels sentiments.
Il est bien doux pour mon cœur très immonde
De voir ici l'abondance à la ronde…

VOLTAIRE

*AUX MÂNES DE MONSIEUR DE GÉNONVILLE*

● **«Moi, je rends grâce à la nature sage,**
   **Qui, pour mon bien, m'a fait naître en cet âge»**

La classe est invitée à se transformer en institut de sondage chargé de préparer un questionnaire destiné à un public d'étudiants sur le thème :

«Êtes-vous heureux de vivre à votre époque ?»

Le document devra comprendre des questions fermées (réponses : oui ou non), des questions ouvertes (réponses à formuler) et des questions à choix multiples.

NB : On peut exploiter le document en l'adressant à des correspondants français dont les réponses seront analysées par la classe.

● Voltaire s'adresse à Adam «père» de tous les hommes. Vous, vous allez vous adresser à un héros de fiction, Robinson qui a vécu l'«état de la pure nature» sur une île déserte avec son compagnon Vendredi. Allez-vous l'envier ou le plaindre ? Comme Voltaire, vous décrirez son «état» et, en conclusion, vous donnerez votre opinion.

●● Un système pour convaincre !

Regardez la construction du passage : l'auteur commence par accumuler les points négatifs pour mieux faire triompher son propre choix.

Avec la même technique, exercez-vous dans l'art de convaincre :

– des amis qui veulent aller camper en montagne alors que vous souhaitiez louer un chalet.
– un collègue qui insiste pour demander une augmentation au patron à un moment que vous jugez mal choisi.
– une vendeuse qui refuse d'échanger unP blouson acheté hier et que votre mari/femme a trouvé «horrible».

●●● **«J'aime le luxe et même la mollesse»**

1. Vous partagez l'opinion de Voltaire et vous le dites en six lignes aussi franchement que lui mais en trouvant des synonymes pour tous les mots qui ont changé de sens dans la langue contemporaine.

2. Vous n'êtes pas de l'avis de Voltaire. En six lignes et en respectant la construction, vous lui donnez vigoureusement le démenti :

Exemple : Mon cher Voltaire, votre luxe est minable, etc.

# M'INTRODUIRE DANS TON HISTOIRE...

Stéphane Mallarmé

Celui qui regarde du dehors à travers une fenêtre ouverte ne voit jamais autant de choses que celui qui regarde une fenêtre fermée. Il n'est pas d'objet plus profond, plus mystérieux, plus fécond, plus ténébreux, plus éblouissant qu'une fenêtre éclairée d'une chandelle. Ce qu'on peut voir au soleil est toujours moins intéressant que ce qui se passe derrière une vitre. Dans ce trou noir ou lumineux vit la vie, rêve la vie, souffre la vie.

Par-delà des vagues de toits, j'aperçois une femme mûre, ridée déjà, pauvre, toujours penchée sur quelque chose, et qui ne sort jamais. Avec son visage, avec son vêtement, avec son geste, avec presque rien, j'ai refait l'histoire de cette femme, ou plutôt sa légende, et quelquefois je me la raconte moi-même en pleurant.

Charles BAUDELAIRE

*LE SPLEEN DE PARIS*

Celui qui entre par hasard dans la demeure d'un poète
Ne sait pas que les meubles ont pouvoir sur lui
Que chaque nœud du bois renferme davantage
De cris d'oiseaux que tout le cœur de la forêt
Il suffit qu'une lampe pose son cou de femme
À la tombée du soir contre un angle verni
Pour délivrer soudain mille peuples d'abeilles
Et l'odeur de pain frais des cerisiers fleuris
Car tel est le bonheur de cette solitude
Qu'une caresse toute plate de la main
Redonne à ces grands meubles noirs et taciturnes
La légèreté d'un arbre dans le matin.

René-Guy CADOU

*HÉLÈNE OU LE RÈGNE VÉGÉTAL*

Deux poètes, deux lieux de mystère, deux imaginations au travail.

- René-Guy Cadou habite une petite maison à la campagne. Le fantôme de Baudelaire passe devant sa porte fermée. Que va-t-il imaginer ? (l'intérieur, les occupants)

●● Pour René-Guy Cadou, le mystère vient d'objets qui ont un pouvoir.
Comme lui, vous possédez quelque chose qui peut surprendre. On vous pose des questions à ce sujet. Il faut bien répondre…

   – Tu gardes ces vieilles cartes postales ?
   – Vous ne voulez pas vous débarrasser de cette vilaine lampe ?
   – Je vais donner ta bicyclette aux petits voisins maintenant que tu as une moto !
   – Allez, à la poubelle ces disques, tu ne les écoute plus jamais !
   – On devrait vider cette grosse malle. Elle est pleine de trucs qui ne servent plus à rien !

●● Pour Baudelaire, le mystère vient de ce qu'il imagine. Voici quatre portes fermées. Qu'y a-t-il derrière ? Inventez pour chacune, un intérieur, des habitants, leur vie…

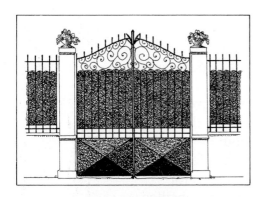 
 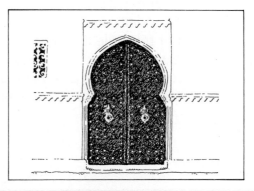

●● Le lendemain matin, Baudelaire repasse devant la mystérieuse fenêtre. Surprise ! Il voit une scène très différente de celle qu'il avait imaginée… Racontez.

●● **«Car tel est le bonheur de cette solitude»**

Mais la solitude n'est pas toujours le bonheur ! Bonheur ou malheur ? Évoquez — à la façon de Baudelaire — ce que vous inspirent les situations suivantes :

– d'un bateau, dans la nuit, la lanterne d'un phare
– un monsieur sur le quai d'une gare qui n'arrête pas de regarder l'heure
– une table où le couvert est mis pour une seule personne
– une jeune fille assise à la terrasse d'un café
– un alpiniste au sommet d'une montagne
– un pêcheur isolé au bord d'une rivière
– une dame qui attend au guichet de la Poste Restante

●● **«Ce qu'on peut voir au soleil est toujours moins intéressant que ce qui se passe derrière une vitre. Dans ce trou noir ou lumineux vit la vie…»**

Baudelaire vivait au XIX$^e$ siècle. Il n'a connu ni le cinéma, ni la télévision, ni toutes ces machines qui ont parfois de l'imagination à notre place. Il disait : «Imagination ! Reine des facultés !»

Faites travailler votre imagination ! Vous êtes dans un train, la nuit… Le trajet est long… Parfois, dans l'obscurité, vous remarquez des maisons isolées ou vous traversez des villages ou des villes. Que se passe-t-il derrière ces carreaux où la lumière brille encore à une heure si tardive ? Vous prenez des notes sur un petit carnet, des impressions pour le roman que vous allez écrire…

Exemple : Banlieue – lampadaires – rues rouges – grandes baies noires – reflets de téléviseurs qui clignotent

●● **«Il n'est pas… plus profond, plus mystérieux, plus fécond, plus ténébreux, plus éblouissant qu'un…»**

Complétez la phrase selon votre goût, votre inspiration. Changez les adjectifs si vous le souhaitez et terminez le paragraphe en donnant — comme Baudelaire — l'explication de votre jugement, sans utiliser «parce que».

Exemple : il n'est pas de fleur / de chanson / d'animal, etc.

●● Si vous étiez écrivain, comment arrangeriez-vous votre bureau, votre table de travail ? Cahiers et crayons ? Ordinateur ? à la ville ? à la campagne ? Rédigez un ou deux paragraphes en réponse à un journaliste qui veut faire un article sur vous ?

●●● Dans ces deux poèmes, il y a des effets d'éclairage. Comme dans un tableau ou dans une photo. Écrivez une courte description d'un paysage ou d'un objet sous deux éclairages contrastés.

# Scène de ménage

| | |
|---|---|
| Martine | Peste du fou fieffé ! |
| Sganarelle | Peste de la carogne* ! |
| Martine | Que maudits soient l'heure et le jour où je m'avisai d'aller dire oui ! |
| Sganarelle | Que maudit soit le becque cornu de notaire qui me fit signer ma ruine ! |
| Martine | C'est bien à toi, vraiment à te plaindre de cette affaire ? Devrais-tu être un seul moment sans rendre grâces au Ciel de m'avoir pour ta femme ? Et méritais-tu d'épouser une personne comme moi ? |
| Sganarelle | Baste, laissons là ce chapitre. Il suffit que nous savons ce que nous savons et que tu fus bien heureuse de me trouver. |
| Martine | Qu'appelles-tu bien heureuse de te trouver ? Un homme qui me réduit à l'hôpital, un débauché, un traître qui me mange tout ce que j'ai ? |
| Sganarelle | Tu as menti : j'en bois une partie. |
| Martine | Qui me vend, pièce à pièce, tout ce qui est dans le logis. |
| Sganarelle | C'est vivre de ménage. |
| Martine | Qui m'a ôté jusqu'au lit que j'avais. |
| Sganarelle | Tu t'en lèveras plus matin. |
| Martine | Enfin qui ne me laisse aucun meuble dans toute la maison. |
| Sganarelle | On en déménage plus aisément. |
| Martine | Et qui, du matin au soir, ne fait que jouer et que boire. |
| Sganarelle | C'est pour ne me point ennuyer. |
| Martine | Et que veux-tu, pendant ce temps, que je fasse avec ma famille ? |
| Sganarelle | Tout ce qu'il te plaira. |
| Martine | J'ai quatre pauvres petits enfants sur les bras. |
| Sganarelle | Mets-les à terre. |
| Martine | Qui me demandent à toute heure du pain. |
| Sganarelle | Donne-leur le fouet. |

MOLIÈRE

*LE MÉDECIN MALGRÉ LUI*

* carogne : mot insultant. De nos jours, on dirait «charogne» ou «vieille peau»

●● «Ah ! je suis la plus malheureuse des femmes !»

Imaginons que Martine, lasse des mauvais traitements de Sganarelle décide d'écrire à son père. Sous le coup de la colère, elle laisse courir sa plume !

Dans la lettre ci-dessous, vous encerclerez tout ce qui est vrai et vous soulignerez tout ce qui est faux ou exagéré, par rapport au texte du passage.

Mon cher père,

Ah ! je suis la plus malheureuse des femmes et j'ai de bien tristes nouvelles à te donner. Ce diable de Sganarelle ne cesse de s'en prendre à moi. Je suis patiente, je garde le silence sous l'insulte, mais trop, c'est trop ! Je sais, tu me diras que j'étais bien contente qu'il m'ait épousée en fermant les yeux sur mes erreurs de jeunesse mais je crois qu'il voulait surtout mettre la main sur ma dot. Eh bien, il m'a ruinée et je suis aussi pauvre qu'une mendiante. Comment vais-je nourrir mes quatre enfants ? Il me trompe, il fréquente des gens de mauvaise réputation, il traîne dans les cabarets, dépense sans compter, fait de lourdes pertes au jeu et ne revient que pour se mettre à table. Sais-tu qu'il a peu à peu vendu tout le mobilier que tu m'avais donné. Ni moi, ni les petits n'avons plus de lit ! Il m'oblige à me lever à la première heure et, pendant que je me tue au ménage, il sort avec de prétendus amis. Mais le pire, cher père, c'est qu'il est brutal avec les enfants…

●● Du tac au tac…

Répondre du tac au tac, c'est trouver une riposte immédiate à l'argument de l'adversaire. Plus cette riposte est proche des mots utilisés par l'adversaire, plus elle est drôle.
Selon cette définition, classez les répliques de Sganarelle de la plus drôle à la moins drôle.

Et maintenant, entraînez vous à répondre du tac au tac :

Exemple : – Tu t'en vas ! Bon débarras !
　　　　　　 – C'est moi qui suis bien débarrassée !

| | |
|---|---|
| 1. Tu perds toujours tes clefs ! | – Et toi, tu ............ |
| 2. Tu sais, mon mari me trompe ! | – Eh bien ! ............ |
| 3. Yves a fini ses devoirs ? | – Non, mais il ............ |
| 4. Tu me casses les oreilles ! | – Tu ............ |

●●● «Mais qu'est-ce que vous voulez ? – «Le lit, on vient pour le lit…»

À la suite de ces deux répliques (inventées), écrivez le dialogue de la scène suivante : un matin, un homme se présente pour emmener le lit que Sganarelle lui a vendu la veille au soir. Procédez, comme Molière, par répliques courtes et percutantes.

1. Entre deux personnages : L'homme/Martine
2. Entre trois personnages : L'homme/Martine/Sganarelle

# L'amant surpris

Lestement, l'amant de Madame grimpa jusqu'au grenier car les chiens aboyants et fumants précédaient leur maître dans la cour. Il arriva, botté, le fusil en bandoulière, la gibecière plate et sa femme l'accueillit avec un sourire ambigu, son beau regard et ses mains blanches tandis qu'il s'excusait du désir amoureux qui, l'ayant pris soudain, ne l'avait plus quitté. Elle se déroba. Ses lèvres gardaient encore la saveur de la caresse d'un autre et son être entier frissonnait dans l'attente d'un plaisir dont elle était friande.

Dans le grenier, le pauvre amant se morfondait. Il ouvrit une lucarne par désœuvrement et la pluie se mit à tomber sur les champs. L'horizon fléchissait. Les tilleuls de la cour frémissaient. Un souffle frais faisait crépiter sur les tuiles tièdes l'ondée légère et tout s'assombrissait, hormis ce bruit chanteur d'eau vive qu'en haut l'amant surpris se désolait d'entendre, et qu'en bas le maître du logis appréciait fort justement.

De la fenêtre ouverte du salon, sa voix montait. Elle était chaude et pénétrante. Elle vantait les plaisirs délicats et le soir descendait et le prisonnier du haut étage finissait par découvrir, dans une corbeille poudreuse de vieux bouquins, le tome premier d'une édition princeps* de La Fontaine.

– Ami Bernard, appela-t-on… – Amie Lucie… répondit-il.– Silence… fit-on du bout des lèvres… On ne voyait plus clair. Il reçut dans ses bras une svelte et jeune amoureuse et ne la reconnut qu'après un long baiser qu'il appuya bien sur la bouche… – Hé quoi ! c'est vous Mathilde ? s'étonna-t-il ensuite. – C'est moi, dit-elle un peu confuse… Madame m'envoie… – Restez…

Il la retint et tandis que l'ombre se faisait plus épaisse, il ravit la jolie servante dans une extase que la sonnette du corridor dissipa seule après un long moment.

– Cette fille n'est jamais là… Mathilde ! Mathilde ! criait Madame… – Laissez Mathilde… – Descendez-vous ? Elle descendit. Monsieur qui ne comprenait rien à l'humeur de sa femme dit à la fille pour plaisanter : – Votre amoureux était-il avec vous que vous voilà si proprement défaite ? – Ah ! laissez donc ! lui fut-il répliqué. C'est une coureuse, c'est une évaporée .Je la mettrai demain dehors.

Mathilde pleurait, Monsieur que tout portait au bonheur, souriait. Madame grondait et l'amant surpris, bénissant le hasard, s'installait au rebord de la lucarne. Il ne pleuvait plus. Pourtant, avant de descendre, il alluma sa pipe et se promit de revenir bientôt chercher dans la corbeille les tomes suivants du bon Jean de La Fontaine, son auteur favori, dont il ne possédait, hélas ! les œuvres complètes que dans une fort mauvaise édition abîmée par les vers.

Francis CARCO

POÈMES EN PROSE

* édition princeps : la première de toutes les éditions d'un ouvrage

●● Lauréat du Prix «Quai des Orfèvres» !

Vous êtes l'auteur de ce passage qui est la première page de votre projet de roman policier. À la p. 2, on découvre, dans le jardin, le corps de l'un des quatre personnages de l'histoire. L'inspecteur de police arrive, il questionne les trois suspects, il leur demande de raconter ce qui est arrivé la veille. Il cherche un mobile, une arme, des indices...

1. Travail individuel :

Vous sélectionnez le personnage qui est la victime. Puis vous notez tous les détails concernant chaque suspect : mobile, arme, présence sur les lieux au moment du crime. Vous faites aussi le plan de la maison et du jardin. Où est rangé le fusil de Monsieur ? Les chiens ont-ils aboyé ? Pourquoi la fenêtre du grenier est-elle restée ouverte. Et ces livres dérangés ? etc. etc.

2. Travail de groupe :

Dans chaque groupe, un apprenant joue le rôle de l'inspecteur et trois autres les rôles des suspects. L'inspecteur prépare ses questions et les suspects établissent leur alibi. Chaque groupe va ensuite jouer la scène.

3. Travail en commun pour toute la classe :

On prendra les meilleurs dialogues pour chaque rôle et on écrira au tableau la déclaration que chaque suspect va devoir signer pour la police.

●● De retour au commissariat, l'inspecteur rédige son rapport. En conclusion, il indique les suites à donner à l'affaire : enquête à poursuivre (dans quelle direction ?), autres interrogatoires (qui ?), arrestation du/de la coupable (y-a-t-il complicité ?), etc.

●●● Lauréat du Prix «Radio France» !

La nouvelle de Francis Carco va être adaptée pour la radio. Temps alloué à l'antenne : 15 minutes. Travaillez autour du magnétophone. On choisira un/des récitant/s et les «voix» des personnages. On préparera le texte : dialogues donnés dans le passage et dialogues à faire selon les indications du texte (il s'excusait... elle se déroba... sa voix montait... etc.). Pour la réalisation, on suivra les indications d'intonation contenues dans le texte (sa voix... était chaude et pénétrante... fit-on du bout des lèvres... etc.). L'enregistrement pourra être traité avec bruitage, accompagnement musical...

●●● Lauréat du Prix Goncourt !

Oubliez l'intrigue policière et racontez la soirée du couple. Voyant Lucie morose, Monsieur suggère : «Téléphone à Bernard et dis-lui de venir prendre un verre avec nous...»

# Un chemin de la vie...

Le pays était plat, pâle, fade et mouillé. Une ville basse, hérissée de clochers d'églises, commençait à se montrer derrière un rideau d'oseraies. Les marécages alternaient avec des prairies, les saules blanchâtres avec les peupliers jaunissants. Une rivière coulait à droite et roulait lourdement des eaux bourbeuses entre des berges souillées de limon. Au bord et parmi des joncs pliés en deux par le cours de l'eau, il y avait des bateaux amarrés chargés de planches et de vieux chalands échoués dans la vase, comme s'ils n'eussent jamais flotté. Des oies descendaient des prairies vers la rivière et couraient [...] en poussant des cris sauvages. Des brouillards fiévreux enveloppaient de petites métairies qu'on voyait de loin [...] sur le bord des canaux et une humidité qui n'était plus celle de la mer me donnait le frisson comme s'il eût fait très froid.

Eugène FROMENTIN

*DOMINIQUE*

## *Paysage et roman*

Qu'est-ce qui nous *parle* dans un paysage ?

Quand on a le goût surtout des vastes panoramas, il me semble que c'est d'abord l'étalement dans l'espace — imagé, apéritif — d'un «chemin de vie», virtuel et variantable, que son étirement au long du temps ne permet d'habitude de se représenter que dans l'abstrait. Un chemin de la vie qui serait en même temps, parce qu'éligible, un chemin de plaisir. Tout grand paysage est une invitation à le posséder par la marche ; le genre d'enthousiasme qu'il communique est une ivresse du parcours. Cette zone d'ombre, *puis* cette nappe de lumière, *puis* ce versant à descendre, cette rivière guéable, cette maison déjà esseulée sur la colline, ce bois noir à traverser auquel elle s'adosse, et, au fond, tout au fond, cette brume ensoleillée comme une gloire qui est indissolublement à la fois le point de fuite du paysage, l'étape proposée de notre journée, et comme la perspective obscurément prophétisée de notre vie. «Les grands pays muets longuement s'étendront»... mais pourtant ils parlent ; ils parlent confusément, mais puissamment, de ce qui vient, et soudain semble venir de si loin, au-devant de nous.

Julien GRACQ

*EN LISANT, EN ÉCRIVANT*

●● **«Le pays était... pâle, fade... Les saules blanchâtres... les peupliers jaunissants...»**

Vous êtes peintre ou aquarelliste et ce paysage vous inspire. Notez ce que vous pourriez faire pour :

– renforcer la pâleur de l'ensemble      – la rehausser de notes vives

Utilisez la palette des adjectifs en tenant compte que certains mots sont déjà porteurs de couleur.

●● Créer de l'espace avec des mots.

Au rythme des pas, le paysage se déroule.
Au rythme des mots, l'espace se construit.
Avec les éléments donnés dans le texte d'Eugène Fromentin (villes, rivière, arbres, etc.), imaginez un autre itinéraire. Par exemple, le promeneur partira du «bord des canaux» ou suivra le cours de la «rivière».

●● Des repères pour lire le texte de Julien Gracq :

1. Expliquez en quelques mots :
   une promenade apéritive – une image virtuelle – un candidat éligible – traverser la rivière à gué – faire étape.

2. Deux termes de peintre à chercher dans le dictionnaire : gloire – point de fuite.

3. Un mot malin ! Essayez de fabriquer un adjectif terminé en «able» pour qualifier un objet qui peut varier (variable) parce qu'on peut l'orienter (orientable) : ...

●●● Le professeur lit le premier passage à haute voix deux fois sans que les apprenants aient lu le texte. Il leur demande de faire un croquis du paysage et de signaler par une croix l'endroit d'où Fromentin a fait sa description. Ensuite seulement, à l'aide du passage, les apprenants vérifieront et modifieront leur production.

●●● Dans les romans, les descriptions de paysages sont souvent — comme ici — concrètes. Mais elles portent aussi un message symbolique — ici, l'humeur du promeneur. C'est pourquoi on peut dire que le paysage est «le chemin de la vie».
Rédigez quelques phrases descriptives qui se termineront par les messages symboliques contenus dans les expressions suivantes :

– ... la plage dorée de l'enfance      – ... l'oasis de l'amour
– ... la jungle des villes      – ... le gouffre de la folie

●●● **«Cette zone d'ombre, puis...»**

À partir de cette phrase, glissez dans le passage de Gracq, les éléments descriptifs du texte de Fromentin :

Exemple : Cette ville basse, puis...

# Éloge de la ponctuation

 Je veux donc faire ici l'éloge de la ponctuation [...]

Les virgules sont de petites verges qui agacent et qui blessent avec la tranquille élégance à quoi se reconnaît *l'art de ponctuer* et la famille entière des signes typographiques, sans lesquels notre écriture ne serait qu'une pâte informe et compacte.

J'aime le petit crochet du point d'interrogation qui suspend la langue au silence, à l'inquiétude, à l'ignorance.

Ô je révère le doigt pointé du point d'exclamation ! Il invoque l'infini et fait chuter la langue, tel un météore, sur ses propres confins...

[...] j'affectionne les points de suspension. Ils sont la pudeur de la phrase, sa manière de se résigner à ne jamais être qu'un misérable fragment de l'immense période universelle... Trois points de trois fois rien, etc. ,etc.

Jean-Michel MAULPOIX

*LES ABEILLES DE L'INVISIBLE*

● Sur l'un des sujets proposés, écrivez trois phrases dans lesquelles vous mettrez tous les signes de ponctuation que vous connaissez :

– C'est l'heure du match ! La télé est en panne…
– Tu vas encore être en retard…
– Et qu'est-ce qu'elle a trouvé à te répondre ?
– Vous reprendrez bien un peu de dessert ?

●● Et vous, comment décririez vous, en une phrase, les signes de ponctuation que vous utilisez ? Écrivez vos définitions sous forme de devinettes que vous poserez à toute la classe. Faut-il vous rappeler quelques uns de ces signes ?

Le tiret – les guillemets – les parenthèses – le point virgule – les deux points – le point.

●● **Une pâte informe et compacte**

La ponctuation c'est la respiration de la phrase. Voici un passage de Gustave Flaubert que vous allez faire respirer :

je serai loin quand vous lirez ces tristes lignes car j'ai voulu m'enfuir au plus vite afin d'éviter la tentation de vous revoir pas de faiblesse je reviendrai et peut-être que plus tard nous causerons ensemble de nos anciennes amours adieu et il y avait un dernier adieu séparé en deux mots À Dieu ce qu'il jugeait d'un excellent goût comment vais-je signer maintenant se dit-il votre tout dévoué non votre ami oui c'est cela VOTRE AMI il relut sa lettre elle lui parut bonne pauvre petite femme pensa-t-il avec attendrissement elle va me croire plus insensible qu'un roc il eût fallu quelques larmes là-dessus […] alors s'étant versé de l'eau dans un verre Rodolphe y trempa son doigt et il laissa tomber de haut une grosse goutte qui fit une tâche pâle sur l'encre […] après quoi il fuma trois pipes et alla se coucher

Gustave Flaubert est un grand maître de la ponctuation. Si vous souhaitez mesurer votre talent au sien, regardez le Chap. XIII de *Madame Bovary.*

●●● Accusés, levez-vous !

Les points de suspension passent au tribunal pour «flou et usage de flou». La classe est divisée en groupes. Dans chaque groupe, l'accusé, l'avocat de la partie civile (il plaide contre l'accusé), l'avocat de la défense (il plaide pour l'accusé), les jurés (qui discutent le cas) et le président du tribunal (qui rend le jugement). La scène sera préparée, puis jouée et le verdict sera rédigé.

# QUEL ÉCRIVAIN ÊTES-VOUS ?

Répondez sans réfléchir. Ensuite, comptabilisez les lettres qui correspondent à vos réponses et vous trouverez à la fin votre (ou vos) portrait(s).

Votre portrait sera celui où vous aurez comptabilisé le maximum de points. Pour vous y aider, utilisez le tableau. Il se peut que vous ayez un nombre de points identique dans deux catégories différentes, ne vous en étonnez pas, c'est que votre personnalité d'écrivain a de multiples facettes.

Avec ce même test, vous pouvez trouver le portrait qui correspond aux auteurs présents dans ce cahier. Si vous avez bien lu le passage et fait les activités, l'auteur doit vous être devenu un peu familier. Mettez vous à sa place.

## 1 - Pour vos vacances, vous préférez :

a)  L'ombre des oliviers
b)  Un stage d'astronomie
c)  Les égouts de Paris en gondole
d)  Un safari
e)  La lande bretonne en automne
f)  Une visite guidée des Pyramide

## 3 - En d'autres temps, vous étiez :

a)  Ver à soie
b)  Licorne
c)  Alchimiste
d)  Déjà en l'an 2000
e)  Alexandre le Grand
f)  Poisson dans un lac nordique

## 2 - En écrivant, vous buvez :

a)  De l'eau
b)  Du lait de coco frais exclusivement
c)  Du champagne rosé
d)  De la sangria
e)  Une fine Napoléon
f)  Une tisane de mauves

## 4 - Quelle maison êtes-vous ?

a)  Une magnanerie
b)  Un phare
c)  Une ancienne gare
d)  Un manoir écossais
e)  Le château de Versailles
f)  Un monastère

## 5 - Votre péché mignon, est :

a) Une crème brûlée

b) Une douzaine d'escargots

c) Un chateaubriand saignant

d) Une bouillabaisse

e) Un pot-au-feu

f) Des profiterolles avec des roses en sucre

## 6 - Vous draguez la muse avec :

a) Une griffe d'ours

b) Un ordinateur

c) Un stylo Montblanc

d) Une plume d'autruche et de l'encre violette

e) Une pointe de roseau

f) Un crayon fétiche

## 7 - Vous écrivez mieux :

a) Si le monde s'est tu autour de vous

b) Si vous êtes entouré de vos dictionnaires

c) S'il fait beau dans votre tête

d) Si une sirène vous aime

e) ... quoiqu'il arrive

f) Au chant de la marée

## 8 - Qu'est-ce qui vous fait fondre ?

a) Les bouquinistes des bords de Seine

b) Un jasmin mauve

c) La courbe d'un bras

d) Une treille en automne

e) La symphonie «Héroïque»

f) Un orgue de barbarie

## 9 - D'un désastre nucléaire, vous sauvez :

a) Un poème japonais.

b) La recette de la soupe au potiron de Tante Marie

c) Les mille et une nuits

d) Votre arbre généalogique

e) L'Encyclopaedia Universalis

f) Les lettres d'amour que vous avez reçues

## 10 - Vous écrivez :

a) Pour changer la vie

b) Pour trouver le mot juste

c) Pour créer l'harmonie

d) Pour le flux et le reflux

e) Pour ouvrir la cage

f) Pour la postérité

# RÉSULTATS

Comptez vos points : 1 point par réponse. Exemple dans la question 1. vous avez choisi la réponse b), vous reportez dans le tableau un point pour «Lune».

**Question 1** : a) Cigale ;  b) Lune ;  c) Lautre ;  d) Lion ;  e) Jacaranda ;  f) Alude.

**Question 2** : a) Alude ;  b) Lautre ;  c) Lune ;  d) Cigale ;  e) Lion ; f) Jacaranda.

**Question 3** : a) Cigale ;  b) Jacaranda ;  c) Alude ;  d) Lautre ;  e) Lion ; f) Lune.

**Question 4** : a) Cigale ;  b) Lune ;  c) Lautre ;  d) Jacaranda ;  e) Lion ; f) Alude.

**Question 5** : a) Lune ;  b) Lautre ;  c) Lion ;  d) JCigale ;  e) Alude ;  f) Jacaranda.

**Question 6** : a) Lautre ;  b) Alude ;  c) Lion ;  d) Jacaranda ;  e) Cigale ; f) Lune.

**Question 7** : a) Lune ;  b) Alude ;  c) Cigale ;  d) Lautre ;  e) Lion ; f) Jacaranda.

**Question 8** : a) Alude ;  b) Jacaranda ;  c) Lune ;  d) Cigale ;  e) Lion ; f) Lautre.

**Question 9** : a) Lune ;  b) Lautre ;  c) Cigale ;  d) Lion ;  e) Alude ; f) Jacaranda.

**Question 10** : a) Cigale ;  b) Alude ;  c) Jacaranda ; d) Lune ;  e) Lautre ; f) Lion.

| PORTRAITS | QUESTIONS | | | | | | | | | |
|---|---|---|---|---|---|---|---|---|---|---|
| | **1** | **2** | **3** | **4** | **5** | **6** | **7** | **8** | **9** | **10** |
| Jacaranda | | | | | | | | | | |
| Lune | | | | | | | | | | |
| Lautre | | | | | | | | | | |
| Cigale | | | | | | | | | | |
| Alude | | | | | | | | | | |
| Lion | | | | | | | | | | |

# PORTRAITS

**Jacaranda** : Vous faites partie des derniers romantiques... ou des nouveaux peut-être. Votre sensibilité se manifeste dans une écriture retenue, toute en demi-teintes, comme votre sensualité à fleur de ligne s'accommode d'une certaine pudeur. Les aléas du coeur, leurs tortures et leurs enchantements sont votre pain quotidien; l'aventure, votre élixir. Un brin de mélancolie se conjugue chez vous avec l'intuition que, malgré tout, la vie peut recéler des trésors d'élégance, de charme et d'harmonie.

**Lune** : Vous explorez un monde intérieur jusqu'à l'obsession parfois. Vous avez une telle exigence avec l'écriture que vous pouvez aller jusqu'à être moraliste. Vous pouvez fouiller très loin, tel un chirurgien ou un spéléologue. Vous voudriez sublimer l'amour et, pour vous, l'écriture réconcilie le charnel et le spirituel. Vous arpentez les rives de la mémoire et l'on vous suit comme le joueur de flûte de Hamelin. Vous êtes astre de nuit : on vous aime ou on vous hait pour cela.

**Lautre** : L'époque vous boude mais vous vous en moquez. Être connu n'est pas vraiment votre souci. Vous préférez être le nomade qui narre l'imprévu d'un irrésistible coup de plume. Vous ne prenez, bien sûr, que les trains qui roulent à l'envers. La lune vous aime, le soleil est jaloux. Vous êtes fantasque, novateur, visionnaire, dans le contre-courant du vent, c'est évident. Ailleurs, autrement et systématiquement contre. Vous ne mourrez jamais... mais jeune.

**Cigale** : Vous écrivez pour le plaisir, pour raconter et partager votre vécu. Votre écriture vive et limpide va de pair avec vos dons d'observation. Vous êtes doté d'une nature riche et poétique, propice à des élans glorifiant le simple, l'authentique. Vous êtes sincère, vous n'écrivez ni pour l'argent, ni pour la gloire. Votre style fluide séduit qui vous lit ou vous écoute, car, avant tout, vous êtes un conteur.

**Alude** (en provençal, fourmi ailée) :
Vous allez votre chemin à pas comptés mais ne vous agitez jamais en vain et ne laissez rien au hasard. Vous êtes volontiers didactique et ne souffrez pas l'à-peu-près. Vous écrivez souvent «utile», dans un but précis, parfois altruiste. Votre esprit d'analyse vole au secours de votre imagination et vous n'avez pas peur d'explorer l'inconscient. Vous aimez collectionner les figures de rhétorique : ça peut toujours servir !   Conscient de votre valeur, la qualité de votre oeuvre vous importe avant tout.

**Lion** : Quel souffle ! Pour vous, la chevauchée des Walkyries n'est guère plus qu"un trot de souris. Pamphlet, poème, roman, tout vous est accessible. L'univers entier vous inspire, l'encre jaillit à profusion. La passion est votre détonateur. Vous immortalisez la nature aussi bien que la condition humaine. Votre écriture recherche le sublime, le tragique. L'histoire et le mythe sont vos muses. Votre plume griffe partout et pour toujours.

# CONCORDANCE DES OBJECTIFS FONCTIONNELS ET LINGUISTIQUES DES TEXTES

# SOMMAIRE

* L'astérisque signale les textes liminaires

# TABLE DES RÉFÉRENCES

*Aubin Imprimeur*

LIGUGÉ, POITIERS

IMPRESSION - FINITION

Achevé d'imprimer en décembre 1994
N° d'impression L 48064
Dépôt légal décembre 1994 / Imprimé en France